Ingleses no Brasil

Relatos de viagem
1526-1608

Sheila Hue e Vivien Kogut Lessa de Sá (ORG.)

Copyright da edição, da apresentação, da tradução, do posfácio, das notas e do apêndice © 2020 by Sheila Hue e Vivien Kogut Lessa de Sá

CHÃO EDITORA
EDITORA Marta Garcia
EDITOR-ADJUNTO Carlos A. Inada

TRADUÇÃO Sheila Hue e Vivien Kogut Lessa de Sá
CAPA, PROJETO GRÁFICO E DIAGRAMAÇÃO Mayumi Okuyama
PREPARAÇÃO Márcia Copola
REVISÃO Cláudia Cantarin e Isabel Cury
PESQUISA ICONOGRÁFICA Sheila Hue, Vivien Kogut Lessa de Sá e Ana Laura Souza
PRODUÇÃO GRÁFICA Lilia Góes
TRATAMENTO DE IMAGENS Wagner Fernandes

DADOS INTERNACIONAIS DE CATALOGAÇÃO NA PUBLICAÇÃO (CIP)
(CÂMARA BRASILEIRA DO LIVRO, SP, BRASIL)

Ingleses no Brasil : relatos de viagem : 1526-1608 /
    Sheila Hue e Vivien Kogut Lessa de Sá (org.) ;
    [tradução Sheila Hue e Vivien Kogut Lessa de Sá]. —
    São Paulo : Chão Editora, 2020.

    "Tradução de vários textos"
    Bibliografia.
    ISBN 978-65-990122-3-5

    1. Brasil – História 2. Ingleses – Viagens – Brasil – Século 16
3. Ingleses – Viagens – Brasil – Século 17 4. Relatos de viagens 5. Viagens – Narrativas pessoais I. Hue, Sheila. II. Sá, Vivien Kogut Lessa de.

20-42012   CDD-910.4

Índices para catálogo sistemático
1. Relatos de viagens 910.4
Cibele Maria Dias - Bibliotecária - CRB-8/9427

Grafia atualizada segundo as regras do Acordo Ortográfico da Língua Portuguesa (1990), em vigor no Brasil desde 1.º de janeiro de 2009.

chão editora ltda.
Avenida Vieira de Carvalho, 40 — cj. 2
CEP 01210-010 — São Paulo — SP
Tel +55 11 3032-3726
editora@chaoeditora.com.br | www.chaoeditora.com.br

Sumário

INGLESES NO BRASIL

10 CORSÁRIOS
11 Withrington e Lister atacam a Bahia em 1587
47 O saque do Recife por James Lancaster em 1595
81 A viagem de Richard Hawkins em 1593

110 MERCADORES
111 Um rei selvagem no Palácio Real
115 Expedição à Terra Canibales
123 Um navio comercial inglês em Santos
145 Thomas Turner, mercador de escravos

150 AVENTUREIROS
151 A *Geografia Barlow*

171 Peripécias de um náufrago
187 Um cativo inglês no Amazonas

195 Posfácio

255 Bibliografia
271 Notas
299 Nota sobre a tradução
301 Tabela das viagens
302 Créditos das ilustrações

Ingleses no Brasil
RELATOS DE VIAGEM 1526-1608

CORSÁRIOS

Withrington e Lister atacam a Bahia em 1587

O diário de bordo do mercador John Sarracoll narra a viagem da frota armada pelo conde de Cumberland à América do Sul, com o intuito de saquear naus ibéricas, e descreve o intenso ataque, que se estendeu durante seis semanas, a Salvador e aos engenhos do Recôncavo baiano. Trata também de episódios ocorridos no Rio da Prata e das atividades comerciais entre a atual Argentina e o Rio de Janeiro.

A narrativa foi publicada em 1589, em Londres, na coletânea de viagens The Principall Navigations, *editada pelo diplomata e clérigo Richard Hakluyt, com o título "The voiage set out by the right honorable the Earl of Cumberland, in the yeere 1586, intended for the South Sea, but performed no farther then the latitude of 44. deg. To the south of the Equinoctiall, written by John Sarracoll Merchant in the same voyage", fonte da presente tradução. Uma versão ligeiramente diferente do diário encontra-se no manuscrito da British Library,* MS Lansdowne, *v. 100, nas folhas 23-51, cuja transcrição está sendo realizada por Philip S. Palmer, da William Andrews Clark Memorial Library — Universidade da Califórnia, a quem agradecemos o acesso ao trabalho em andamento.*

Página da primeira edição de "The voiage set out by the right honorable the Earl of Cumberland, in the yeere 1586"

A VIAGEM ARMADA PELO ILUSTRE CONDE DE CUMBERLAND, NO ANO DE 1586, EM DIREÇÃO AO PACÍFICO, MAS QUE NÃO FOI ALÉM DA LATITUDE DE 44 GRAUS AO SUL DO EQUADOR, ESCRITA PELO SR. JOHN SARRACOLL, MERCADOR NA MESMA VIAGEM

No dia 26 de junho do ano de 1586 e no 28.º ano do reino de Nossa Majestade a rainha, partimos de Gravesend em dois navios: a almiranta, chamada *The Red Dragon*, e a barcaça *Clifford*. A primeira tinha 260 toneladas de carga e levava 130 homens, e a outra tinha 130 toneladas de carga e levava setenta homens. O capitão da almiranta era o sr. Robert Withrington e o da vice-almiranta era o sr. Christopher Lister, ambas equipadas ao encargo e custo do ilustre conde de Cumberland, e tendo como mestres dois irmãos, John Anthony e William Anthony.

Em 24 de julho alcançamos a baía de Plymouth, onde ventos do oeste nos forçaram a permanecer até 17 de agosto, quando então partimos com outro navio como contra-almiranta, chamado *Roe*, do qual o sr. Hawes era capitão, e também uma boa pinaça chamada *Dorothy* que pertencia a Sir Walter Raleigh. Estando os quatro navios em alto-mar, em 20 de agosto nos deparamos com dezesseis urcas no canal da Mancha, que se identificaram como vindas de Hamburgo, levando carga para Lisboa. Nosso almirante interpelou o almirante deles com palavras corteses, pedindo que baixasse as velas e viesse a bordo apenas para dar novas de seu país, mas este se recusou e apenas baixou e guardou sua bandeira. A vice-almiranta das urcas, que ia mais à frente, nem hasteou bandeira nem baixou velas, mas passou por nós sem ralentar, ao que nossa almiranta então lhes mandou uma canhonada, que eles retribuíram em dobro, de modo que a coisa acabou virando uma pequena batalha. Nisso uma das urcas que vinha mais atrás, a meu ver mais temerosa do que atingida, cedeu. Como a nossa almiranta lhe estava próxima, abordou-a e alguns de seus homens subiram-lhe a bordo, não sei quantos, pois nós, enquanto isso, perseguíamos aquelas que tinham ficado mais a barlavento, achando que nossa almiranta viria nos alcançar para detê-las todas. Mas, como o tempo mudou e veio uma névoa densa junto com uma chuva fina, a almiranta preferiu seguir junto da outra urca que o capitão Hawes tinha abordado e mantido a noite toda, tirando dela o que quis. Os homens da urca lhes contaram que havia sete urcas em Lisboa carregadas de mercadorias espanholas e, como a carga era muito valiosa, pretendiam passar ao largo da Irlanda. Com isso deixaram-na partir novamente, como um ganso com a asa quebrada.

 No dia seguinte, sendo dia 21, avistamos cinco outras embarcações que navegavam para o leste, mas, como já vinha anoitecendo, mal pudemos nos aproximar. Mesmo assim no fim conseguimos interpelar a maior delas e nos contaram que eram todas de Hamburgo, mas outro nos disse que eram da Dinamarca, de modo que, na verdade, as urcas não sabiam o que dizer nem o que fazer. Nosso almirante estava mais inclinado a seguir seu caminho do que ficar para trás perseguindo as urcas, então chamou-nos de volta com uma trombeta e um tiro de canhão, caso contrário teríamos conseguido ver de onde eram e o que carregavam.

No dia 22, por causa do vento contrário, aportamos todos os quatro em Dartmouth[1] e lá ficamos por sete dias.

No dia 29 zarpamos de lá para o alto-mar e começamos a nossa viagem, pretendendo de início navegar ao longo da costa da Espanha para ver se conseguíamos encontrar alguma boa presa para levar ao senhor conde. Mas por fim nosso capitão achou que este não seria o melhor percurso, mas sim manter-se em alto-mar. Assim, no sábado, dia 17 de setembro, demos com a costa da África, e no dia 18 atracamos na baía de Santa Cruz.[2] No dia 21 demos com uma das Ilhas Canárias, chamada Forteventura.[3] Ao passarmos ao redor dessa ilha, avistamos num monte à beira-mar alguém empunhando uma bandeira branca, portanto equipamos os botes e mandamo-los à praia para saber notícias. Descobriram tratar-se de dois patifes esfarrapados e um cavalariço, que contaram que Lanzarote tinha sido tomada e assaltada em agosto pelos turcos. Quando vimos que não tinham mais nada a nos dizer, deixamo-los, seguimos viagem e voltamos a margear a costa da África.

No dia 25 de setembro, mais ou menos às dez horas, alcançamos o río del Oro logo abaixo do trópico.[4] Ancoramos na embocadura com oito braças de profundidade e umas duas léguas de largura. No dia seguinte nosso capitão explorou o rio com o bote e verificou a mesma largura mesmo catorze ou quinze léguas rio acima, mas não encontrou nenhuma vila ou habitação, somente dois pobres homens que apareceram. Um deles falava bom espanhol e contou ao capitão que alguns franceses costumavam ir ali e embarcar um carregamento de couro de boi e de bode, mas que não havia outra mercadoria. Partimos dali no dia 27, e no último dia do mês, como houvesse calmaria, fomos a bordo da almiranta e lá combinamos de ir até Serra Leoa para nos abastecer de lenha e água. Até o dia 10 de outubro tivemos calmaria e calor extremo, com muitos raios e muita chuva. No dia 10 sondamos o fundo e descobrimos que havia uma forte corrente, que notamos pela ondulação da água, e depois descobrimos ser a maré comum, enchendo na direção noroeste e baixando na direção sudeste. Na parte mais ao sul dos baixios, que ficam em torno de onze graus,[5] achamos dezoito braças de profundidade e nenhuma terra à vista, mas, seguindo novamente para o sul, logo achamos cinquenta braças, e depois de navegar para sudeste por leste, e leste-sudeste, novamente sondamos, mas nem a 120 braças conseguimos tocar o fundo.

Em 21 de outubro avistamos a costa da Guiné, na altura de oito graus, uma terra escarpada mas não muito extensa:[6] eram as montanhas de Serra Leoa. Nos aproximamos da costa e encontramos perto da praia mais profundidade do que em alto-mar: ancoramos a mais ou menos uma milha da ponta norte das montanhas, com um pouco mais de onze braças de fundo. Para entrar no porto de Serra Leoa, seguimos pelo lado sul, já que não achamos ancoradouro em dez braças a meia milha da praia. Ao norte desse porto a água é bem rasa, mas não há o que temer pelo lado sul além do que se pode ver.

No domingo, dia 23, ancoramos numa baía de água fresca e, indo até a praia com nosso bote, pudemos conversar com um português que nos contou que não muito longe dali viviam uns negros[7] e que, se déssemos ao rei uma *botija*[8] do nosso vinho e algumas peças de linho, conseguiríamos toda a água e lenha que quiséssemos. Mas nossos capitães, julgando ruim dar algo em troca do que poderíamos livremente conseguir, desembarcaram com alguns de nossos homens, o que fez com que o português e os negros fugissem para a mata. Então voltamos para os botes e logo desembarcamos em outro ponto, pretendendo avançar um pouco a pé e depois retornar aos nossos botes. Mas, depois de vagarmos um pouco por um pequeno bosque, de repente, sem que esperássemos, demos com uma vila de negros, que logo tocaram os tambores, gritando bem alto e lançando uma saraivada de flechas que choveram sobre nós feito granizo. Éramos trinta arcabuzeiros e vinte de nós levávamos armas que descarregamos sobre os inimigos, mas ficamos sem ter como saber o dano que causamos.

Então voltamos para os botes, e pegamos quanta água e lenha quisemos, e uma boa quantidade de peixe, e tiramos da água um monstro enorme e horrível, cuja cabeça e cujas costas eram tão duras que nenhuma espada conseguia penetrar. E, mesmo tendo sido alvejado em muitos lugares da barriga e estando muito ferido, entortou uma espada com a boca, como um homem enrolaria uma tira de couro na mão, e fez o mesmo com o ferro de uma lança. Tinha uns nove pés de comprimento e nada no estômago exceto meio galão de pequenas pedras.

No dia 4 de novembro fomos até a praia, a uma vila de negros no lado sudeste do porto, a mais ou menos um tiro de canhão da barra, que observamos ter sido recentemente construída: tinha umas duzentas casas e era rodeada por árvores imensas e paliçadas tão unidas que nem um camundongo conseguiria passar. Mas aconteceu de irmos dar logo num ancoradouro que não estava barrado, pelo qual entramos com tanto ímpeto que toda a gente fugiu da vila. Vimos que tinha sido belamente construída segundo o seu modo, e as ruas eram tão tortuosas que nos foi difícil encontrar a saída pelo mesmo local por onde havíamos entrado. Ficamos todos muito admirados de ver que suas casas e ruas eram tão arrumadas e limpas que nem dentro das casas nem fora, nas ruas, havia poeira o bastante para encher uma casca de ovo. Encontramos pouco nas casas exceto alguns tapetes, cabaças e alguns potes de barro. Ao partirem, nossos homens atearam fogo à vila, que se consumiu (ou a maior parte dela) em um quarto de hora, já que as casas eram cobertas de juncos e palha.

Depois disso, vasculhamos a terra vizinha, onde encontramos em várias planícies boa quantidade de arroz em feixes, que os nossos homens logo colheram e carregaram ainda na casca a bordo de ambos os navios, na quantidade de catorze ou quinze toneladas.

No dia 17 de novembro partimos de Serra Leoa, dirigindo nosso curso para o estreito de Magalhães. Nesse porto, vários dos nossos homens adoeceram de um mal da barriga, que naquela ocasião foi extremo mas que (graças a Deus) durou pouco. Também vimos em várias partes da mata imagens colocadas no alto de estacas, diante das quais havia várias coisas depositadas, como ovos, farinha, arroz, pedras em círculo e muitas outras coisas, do tipo que a gente bárbara usava como oferenda.

Quando nos aproximamos do equador, não o achamos tão quente quanto Serra Leoa, devido ao muito vento e à chuva.

Mais ou menos no dia 24 de novembro um ou dois homens morreram e outros adoeceram de uma calentura.[9]

No dia 2 de janeiro avistamos brevemente terra, estando a cerca de 28 graus ao sul do equador.[10]

No dia 4 demos com uma costa montanhosa e descampada, estando a mais ou menos trinta graus e um terço. Para o norte a terra era toda montanhosa, mas para o sul ia baixando e se tornava bem plana e toda arenosa.[11] A cerca de seis léguas da praia sondamos e achamos quinze ou dezesseis braças d'água, e um fundo escuro de lodo e areia. Pensamos em ir até a praia e fazer aguada, mas não conseguimos avistar nenhum bom ancoradouro, e assim novamente nos lançamos ao mar aberto.

No dia 12 nos achamos a 32 graus e 27 minutos. Desde o dia do Natal até o dia 13 desse mês, embora o sol estivesse bem forte, não nos faltaram ventos que variavam como na Inglaterra. E, ainda que não tivéssemos um casaco de lã sobre os ombros ou uma alegre ceia de Natal na Inglaterra, de nossa parte não passamos por nenhuma necessidade, tendo tudo o que homens honestos pudessem desejar.

No dia 10, quando estávamos a cerca de oito léguas da costa e próximos do Rio da Prata, aconteceu-me avistar um barco, que era uma pequena nau portuguesa indo para aquele rio, para uma vila chamada Santa Fé, de onde, usando carroças e cavalos, os comerciantes e uma parte da sua mercadoria seriam transportados até o Peru. Mais ou menos às três horas capturamos esse barco, de cerca de 45 ou cinquenta toneladas, e nele encontramos como mestre ou piloto um inglês chamado Abraham Cocke, nascido em Lee. Perguntamos a ele e aos outros sobre as condições do Rio da Prata, e nos disseram que havia cinco vilas ao longo do rio, algumas com setenta casas e outras com mais. A primeira vila ficava cerca de cinquenta léguas rio acima e se chamava Buenos Aires, as outras ficavam cerca de quarenta ou cinquenta léguas umas das outras, de modo que a vila mais distante, chamada Tucumã, ficava a 230 léguas da embocadura do rio. Nessas vilas há grande quantidade de milho, gado, vinho e muitas frutas, mas nenhum dinheiro em ouro e prata; fazem um tipo de tecido fino, que dão em troca de açúcar, arroz, marmelada e doces em conserva, que era a mercadoria que essa nau carregava.

Traziam também 45 negros a bordo, que rendem no Peru quatrocentos ducados a peça, e além destes viajavam como passageiras duas mulheres portuguesas e uma criança.

No dia 11 avistamos outro barco, que seguia junto com essa nau portuguesa, e também o perseguimos e capturamos no mesmo dia. Tinha a mesma tonelagem do outro e trazia boa carga de açúcar, marmelada e doces em conserva, junto com várias outras mercadorias, que anotamos nos nossos livros. Também encontramos nesse barco cerca de 35 negras, e quatro ou cinco padres, um dos quais era irlandês,[12] de 23 ou 24 anos de idade, e também duas portuguesas que tinham nascido no Rio de Janeiro. Esses dois navios foram comprados no Brasil por um jovem que era feitor do bispo de Tucumã,[13] e os padres haviam sido enviados pelo bispo para assumir um novo mosteiro que ele estava construindo. Os livros, rosários e pinturas no navio valiam (como nos confessou um dos portugueses) mais de mil ducados.[14]

Soubemos por esses navios que o sr. John Drake, que acompanhou o sr. Fenton,[15] naufragou com sua barca perto do Rio da Prata, onde foram capturados por selvagens, exceto aqueles que morreram durante a captura. Os selvagens os mantiveram prisioneiros por algum tempo e os trataram muito duramente, mesmo assim por fim John Drake, Richard Faireweather e dois ou três outros do grupo arrumaram uma canoa e fugiram, indo dar na primeira vila dos espanhóis.[16] Faireweather se casou numa das vilas, mas John Drake foi levado até Tucumã pelo piloto desse navio, e lá ainda vivia em boa saúde até o ano passado. Com relação a essa viagem dos portugueses, eles nos contaram que era a terceira feita ao Rio da Prata nesses últimos trinta anos.

No dia 12 chegamos à ilha das Focas e no dia 14 à ilha Verde,[17] onde, quando íamos nos aproximando, achamos bem perto da barra o fundo de oito braças, e em seguida sete e seis e nunca menos de cinco braças de profundidade. Há ali uma laje bem atravessada entre a ilha e a barra, de modo que é preciso se manter bem perto da costa, mantendo a laje a bombordo.

Um dos portugueses que trouxemos a bordo parecia muito experiente,[18] e conversei com ele sobre como era o rio. Ele me contou que a vila de Buenos Aires fica a mais ou menos setenta léguas da ilha Verde pelo lado sul do rio, e de lá até Santa Fé são cem léguas também pelo mesmo lado.

Nessa vila os barcos passam toda a mercadoria para embarcações menores, que sobem o rio a remo ou são rebocadas até outra vila chamada Assunção, que fica a 150 léguas de Santa Fé, onde as barcas descarregam na margem e passam toda a mercadoria para carroças e cavalos que a levam até Tucumã, que fica no Peru.

A vila de Assunção fica num local muito fértil, onde se colhe milho duas vezes ao ano, e há abundância de vinho, gado e frutas. Nas vilas de Assunção e Tucumã um espadim de vinte reais de prata vale trinta ducados, uma caixa de marmelada, vinte ducados, um espelho de mais de um pé de altura vale trinta libras, quadros pintados de catorze polegadas valem trinta e quarenta libras a peça.

No dia 16 fomos da ilha Verde até o local de aguada, que fica mais ou menos uma légua a oeste, onde carregamos cerca de dezoito toneladas de água, e no dia 22 voltamos à ilha das Focas para estocarmos carne de foca. Lá veio uma tempestade que nos deixou em certos apuros, pois partiu nossas âncoras e cabos, e soprava um vento tão frio que muito nos surpreendeu, considerando a latitude em que estávamos. Tenho que admitir que lá todos nós falhamos, pois, enquanto navegamos por esse rio durante dezesseis dias, não sondamos o canal, nem seguimos a melhor rota.

No dia 29 trouxemos a bordo um certo Miles Philips, que tinha sido deixado nas Índias Ocidentais pelo sr. Hawkins.[19]

No primeiro dia de fevereiro medi a altura do sol e estava em 38 graus. E no dia 3 de fevereiro medi-a de novo e encontrei 41 graus.

No dia 7 de fevereiro, nosso capitão, o sr. Lister, estando a bordo de uma das naus apresadas, lançou seu bote[20] ao mar e foi nele até a almiranta, e, enquanto lá estava, enviou-nos seu bote para buscar o nosso mestre, o sr. Collins e a mim. Quando lá chegamos, fomos chamados até a cabine do capitão, onde, reunidos para decidir assuntos sobre a viagem, éramos os seguintes:

Sr. Robert Withrington, capitão da almiranta;

Sr. Christopher Lister, capitão da barcaça *Clifford*;

John Anthony, mestre da almiranta;

Thomas Hood, piloto para os estreitos;

William Anthony, mestre da barcaça *Clifford*;

David Collins;

Tristram Gennings;

Sr. William Withrington;

Sr. Beumond Withrington;

Sr. Wasnes;

Sr. Norton;

Sr. Wilkes;

Sr. Harris;

Thomas Anthony;

Nicholas Porter;

O mestre artilheiro
e Alexander Gundie, seu imediato;
John Sarracoll.

Quando esse grupo estava todo reunido, o mestre da almiranta declarou que o motivo da reunião era discutirmos e decidirmos qual percurso ou caminho todos ali julgávamos o melhor e mais provável para garantir, em primeiro lugar, o sucesso da viagem do senhor conde, em segundo lugar a saúde dos nossos homens e, finalmente, a segurança dos nossos navios. Foi assim que nos expôs seus pensamentos, cujas palavras reproduzo aqui o melhor que posso:

— Meus senhores, ninguém aqui desconhece os propósitos do senhor conde em organizar esta viagem, que pela graça de Deus ele nos encomendou fazer até o Pacífico. No entanto, todos percebemos que a época propícia já vai passando, os ventos continuam contrários, o tempo fica cada vez mais frio e as noites longas, nossos víveres estão tão reduzidos que só temos biscoito para mais dois meses e nossa bebida está praticamente acabada, de modo que só nos resta água. Se conseguirmos atravessar uma terra tão gelada como os estreitos e lá tivermos que passar o inverno, essas circunstâncias com certeza enfraquecerão tremendamente nossos homens e ameaçarão a viagem. Considerando tudo isso, tanto nosso capitão como o sr. Hood e eu pensamos que seria melhor para o sucesso da nossa viagem, a saúde de nossos homens e a segurança de nossos navios se navegássemos pela costa do Brasil, onde pela graça de Deus poderemos nos reabastecer, tanto de vinho, que é do que mais carecemos, como de outras coisas necessárias.

"Além disso, nos foi dado a entender pelos portugueses que capturamos[21] que, sem dúvida, com a ajuda de Deus e com nossos esforços, conseguiremos atacar a cidade da Bahia[22] a nosso bel-prazer, tanto que eles oferecem as próprias vidas se porventura pusermos esse plano em prática seguindo suas orientações e fracassarmos. Dessa forma, uma vez reabastecidos, poderemos passar uns três ou quatro meses navegando pela costa, a menos que nesse meio-tempo nos deparemos com algo que agrade ao senhor conde e nos traga lucro. Caso contrário, podemos continuar a viagem na primavera e seguir as orientações do conde. E podem ter certeza de que (com a ajuda de Deus) não retornaremos sem ganhos desta viagem, que vai redundar em lucro para o senhor conde e honra para nosso país. Agora, se houver alguém aqui que possa dar melhor sugestão ou conselho do que esses que expus, que fale agora, e não só escutaremos, como também agradeceremos e seguiremos o seu conselho."

A esse discurso do sr. Anthony, o sr. Lister, nosso capitão, respondeu assim:

— Sr. Withrington e sr. Anthony, ambos sabem que as últimas palavras que o senhor conde nos disse antes de partirmos foram que deveríamos seguir nossa viagem unicamente para o Pacífico, exceto se, pelo caminho, nos deparássemos com presas que pudessem nos render 6 mil libras. Portanto, não acho de modo algum seguro ousarmos voltar atrás, agora que já estamos tão próximos dos estreitos. De minha parte não ousaria nem permitiria tal coisa, a não ser que nos víssemos forçados a isso, o que não é o caso neste momento. Minha opinião é que aquele que morrer agora será perdoado no futuro, e eu prefiro morrer agora a me desgraçar perante o conde.

Então, tanto o capitão como o mestre da almiranta responderam que eram da mesma opinião, mas que, levando-se tudo em conta, a viagem tinha mais chance de ser realizada se vagássemos pela costa do que se invernássemos nos estreitos ou no Porto San Julián. Assim, todos concordamos, e concluímos que no momento seguiríamos o mesmo curso.

No dia seguinte, 8 de fevereiro, houve muita discussão dos dois grupos sobre alterarmos nosso percurso: alguns queriam seguir em direção aos estreitos e outros não. Então se resolveu avaliar quanta comida havia nos dois navios, e viu-se que havia um estoque razoável para as duas tripulações. O vento soprava do norte, então decidimos retirar das naus apresadas o que traziam de mais valor, abandoná-las e seguir para os estreitos.

Mantivemos nosso curso durante todo esse tempo e no dia 15 estávamos a 44 graus, mas nisso um vento veio do sul, trazendo muita chuva, vento, frio e outros climas desfavoráveis, e assim continuou durante cinco ou seis dias durante os quais retrocedemos para 42 graus.

No domingo, dia 20 de fevereiro, a gente da almiranta — estando a sota-vento quando a tempestade tinha praticamente passado — hasteou sua bandeira no mastro da mezena, que era um sinal de que desejava falar conosco. Assim nos aproximamos, chamamos, e o capitão Withrington comunicou que todos os seus homens preferiam navegar pela costa do Brasil a ficar assim parados num mar alto, com tempo ruim e ventos contrários. Nosso capitão,[23] por sua vez, demonstrou a intenção contrária, sua e de seus homens, desejando mesmo assim seguir adiante. Mas no fim, quando ambos os navios já iam se separando, nosso capitão disse:

— Já que não tem jeito, tenho que aceitar, embora contra a minha vontade.

No dia 21 o tempo melhorou e o vento sul soprou favorável para seguirmos para os estreitos, no entanto nossa almiranta não nos acompanhava, embora imaginássemos que fosse aproveitar o vento propício. Nesse meio-tempo toda a nossa tripulação começou a pensar nos inconvenientes de nos separarmos e perdermos de vista a nossa almiranta, pois, embora quiséssemos muito continuar no nosso percurso, não queríamos perder a companhia dela. Então começamos a navegar em sua busca até que finalmente a alcançamos, e o seu capitão nos disse que, ao verificar novamente a quantidade de comida, achou-a tão minguada e insuficiente que não lhes restava alternativa a não ser buscar meios de se reabastecerem, e esse era o único motivo por que seguiam para o norte. Essas palavras fizeram com que nós, que estávamos na barcaça, reavaliássemos nossa situação: e vimos que muitos de nossos homens estavam fracos, e nenhum dos nossos mosquetes funcionando, e os ferreiros que os poderiam consertar estavam todos na almiranta. Também pensamos que, se nos separássemos, cada navio sairia enfraquecido. Continuamos discutindo até o dia 24, e durante todo aquele tempo o senhor capitão Lister parecia cada vez mais determinado a realizar e completar a viagem, e se recusava de todas as maneiras a mudar o curso do seu navio. No entanto, o desejo que tínhamos de navegar em companhia da almiranta nos fez condescender aos seus homens, e por fim chegou-se a um acordo definitivo entre todas as partes de seguir a almiranta, sem mais menção dos estreitos até a primavera.

No dia 10 de março[24] houve um grande infortúnio: Samuel Teller, o imediato de nosso mestre, caiu no mar e morreu sem que conseguíssemos de modo algum salvá-lo.

No dia 28, estando a uma altura de 21 graus, avistamos uma vela que julgamos vir dos estreitos e trazer carga valiosa, mas, como já avançava a noite, infelizmente a perdemos de vista, e no dia seguinte não conseguimos mais avistá-la.

No dia 5 de abril alcançamos a costa do Brasil, na altura, calculo, de dezesseis graus e um terço, e nosso capitão então subiu a bordo da almiranta, e ali decidiram enviar a pinaça e nosso bote até a praia para fazer aguada, pois estávamos precisados, o que foi feito com dezoito bons homens e três ou quatro toneladas de pipas d'água. Lá ficaram até a manhã do dia 8, quando novamente os avistamos e naquele dia adentramos todos juntos a barra de Camamu,[25] onde se aproximou uma canoa trazendo o português mais importante da região. Lá pudemos apanhar toda a carne, porcos, água e lenha que quisemos, já que quase ninguém poderia nos impedir, embora alguns dos nossos portugueses tenham fugido numa canoa.

No dia 11 entramos na enseada da Bahia, onde logo na entrada fomos recebidos com dois tiros de canhão, que descarregaram cinco baterias de balas a cada tiro, mas eles só gastaram munição, sem que nos causassem nenhum dano. Depois que passamos desse ponto, avançamos para a barra o máximo que o vento nos permitiu, e conseguimos chegar tão perto quanto queríamos e assim ancoramos a certa distância da vila,[26] recebendo grande quantidade de tiros de lá, mas, ainda que tentassem, não conseguiram nos causar dano algum.

Quando nos aproximamos, encontramos na barra oito navios e uma caravela, sendo que um dos navios era uma urca ou fragata de 250 toneladas, e trazia 24 peças de artilharia. Esta, junto com os demais navios e mais a vila, atirava sem parar contra nós, mas nem um só tiro atingiu sequer uma de nossas velas. Para que não nos achassem indolentes, a cada tiro deles revidávamos com dois ou três dos nossos, às vezes atirando contra os navios e a vila ao mesmo tempo.

No dia seguinte, à noite, tentamos abalroar os navios e talvez apresar alguns deles, mas o vento começou a soprar da praia, o que nos impediu de fazê-lo. Na noite seguinte, novamente decidimos ir até a barra, dessa vez com nossos dois botes e mais dois outros barcos da região que tínhamos capturado antes — que vinham acompanhando as caravelas —,[27] e dessa vez conseguimos cumprir o planejado, apesar dos tiros do inimigo. A lua brilhava no céu dando boa luminosidade e assim avançamos com as nossas caravelas e barcos, embora sob uma chuva grossa de artilharia. Mas os portugueses e os outros, ao nos ver nem um pouco inclinados a hesitar ou desistir, abandonaram seus navios e começaram a tentar salvar a própria vida, alguns pulando nos botes, outros a nado, de modo que invadimos seus navios com grande alarido e encontramos poucos que nos oferecessem resistência. Mas, como a distância até a praia não era maior que a extensão de um cabo, continuaram a descarregar sua artilharia leve e pesada de tal forma que nos atrapalhavam, mas mesmo assim não nos abatemos com os seus petardos: nossos homens que vinham na barcaça *Clifford* invadiram a almiranta e a vice-almiranta deles, enquanto os homens que vinham na nossa almiranta invadiram dois outros navios de semelhante tonelagem, todos logo cortando os cabos das amarras. Assim, com a ajuda de Deus e apesar de toda a resistência, conseguimos levar conosco quatro dos seus navios, o menor dos quais era de 130 toneladas.

Nesse embate, a urca disparou muitas vezes contra nós sem causar-nos nenhum dano, mas no fim, ao passarmos perto dela levando nossas novas presas a reboque, os chamamos e lhes perguntamos de onde eram. Eles responderam que vinham de Flushing,[28] então lhes ordenamos que levantassem âncora e nos seguissem. Como não ousassem recusar, assim o fizeram, e trouxeram consigo uma caravela carregada de quarenta ou cinquenta pipas de vinho, e outra pequena barca que trazia pouco ou quase nada. E assim esse navio, que era de 250 toneladas, passou a navegar conosco como se fosse parte da nossa frota. Nossa falta de sorte foi não termos achado nada de muito valor nesses navios, nem em mercadoria nem em alimentos, exceto termos encontrado num deles quatro pipas de vinho, duas em outro e uma em outro, além de algum peixe, mas todo o resto da sua carga estava em terra.

Tudo isso aconteceu na véspera da Páscoa, e demos graças a Deus pelo nosso sucesso. Naquela mesma noite veio um barco da vila, trazendo um mercador holandês e um português oferecendo resgate pelos navios, nas palavras deles, mas creio que queriam mesmo era espionar nossas armas. Mantivemo-

-los a bordo toda aquela noite e no dia seguinte os enviamos até a almiranta.

No dia seguinte, que era dia de Páscoa, veio uma tempestade tão grande que a caravela, a primeira que tínhamos capturado, se soltou, bem como uma das novas presas, pois seus cabos se partiram. Então, embora o vento estivesse muito forte e o mar revolto, enviamos alguns de nossos homens no bote para ver se conseguiam recuperá-las, mas temíamos que a fúria do tempo fizesse com que perdêssemos tanto homens como presas.

Em meio a essa tempestade, os dois espanhóis que tínhamos capturado no Rio da Prata, vendo-nos ocupados com as nossas presas, começaram a tramar um modo de escapar e, de repente, ambos escapuliram por uma das escotilhas, e conseguiram chegar à praia a nado, algo que nos parecia impossível naquele tempo atroz.

Essa tempestade durou muito tempo e impediu que atacássemos a vila, como tencionávamos, já que tivemos que nos empenhar ao máximo para evitar que nossos navios e presas fossem dar na praia e caíssem nas mãos daqueles que aguardavam avidamente a nossa ruína.

Quando, no dia 19, a tempestade melhorou um pouco, todos levantamos âncora e fomos até uma ilha que fica no lado noroeste da baía,[29] e no dia 20 desembarcamos na praia e nossos carpinteiros montaram nossa pinaça.

No dia 23 a gente da terra lançou-se sobre nós com toda a força e nos cercou, atirando com arcos e flechas, mas logo fizemos com que retrocedessem e muitos tiveram que ser carregados por seus companheiros, e alguns de nossos homens também foram feridos pelas flechas.

No dia 24 tiramos da caravela doze pipas de vinho e quatro barris e meio quarto de azeite.

No dia 26 de abril lançamos ao mar nossa pinaça, e no mesmo dia lançaram-se sobre nós inúmeros portugueses e índios, com os quais lutamos durante duas horas com vantagem.

No dia 2 de maio o bote da almiranta foi até a praia com catorze homens para buscar água e, assim que desembarcaram, foram emboscados por duzentos ou trezentos índios, que os atacaram e mataram um ou dois de nossos homens, mas o resto conseguiu escapar, apesar do número de contrários, e voltaram para o navio com a água e em segurança. Sofremos essas perdas por pura negligência e falta de discrição.

No dia 5 de maio o capitão da almiranta tomou uma pequena barca — sua própria pequena caravela —, nossa pinaça e o bote do navio holandês e foi pessoalmente até a praia durante a noite para conseguir comida em meio ao gado que ali pastava. Na manhã seguinte tinham se distanciado tanto que os perdemos de vista. Quando os inimigos perceberam, logo prepararam sua galeota para servir de almiranta, e mais quatro caravelas, onde embarcaram tantos homens quantos couberam, e puseram-se a navegar pelo lado norte da praia, avançando em direção a nossa pinaça e botes. Com isso nossos homens se viram em grandes apuros, embora o sr. Lister, nosso capitão, tivesse dissuadido o sr. Withrington de enfrentá-los, expondo-lhe o perigo que seria para ele e para nós, já que estávamos tão distantes uns dos outros. Mas, estando assim isolados, só lhes restava enfrentar o que quer que lhes acontecesse. Embora nós na barcaça *Clifford* estivéssemos desguarnecidos, quando percebemos que a galeota perseguia nossos homens, levantamos âncora e a perseguimos o mais perto da praia que pudemos sem o risco de encalhar. A urca também levantou âncora e seguiu-nos para perseguir os inimigos, mas estes, que seguiam a remo, avistaram nossa pinaça e nossos botes antes que lá chegássemos e imediatamente avançaram até eles. Quando nossos homens os avistaram, e vendo que não tinham como evitá-los, prepararam-se (embora estivessem em grande desvantagem) para lutar como homens, e vencer ou morrer juntos. A estratégia que mais lhes valeu assim de repente foi a seguinte: subiram todos na pinaça e amarraram o bote dos holandeses num dos lados e a pequena caravela no outro, e assim aguardaram a chegada dos inimigos, dando-lhes antes de mais nada boas-vindas com uma bala de canhão que eles imediatamente revidaram lançando um tiro da proa da galeota, e logo em seguida lançaram três ou quatro pequenas balas de metal carregadas de pólvora, e bradando bem alto subiram todos a bordo, gritando "entra, entra".[30] Mas nossos homens os receberam à altura, com tiros de mosquete e lanças, que os mataram feito cães. Assim os inimigos continuaram a bordo por quase um quarto de hora, imaginando que dariam cabo de nossos homens, com pinaça e tudo. E certamente qualquer um julgaria que isso seria o mais provável, visto que eram tantos e os nossos tão poucos, de modo que de início acharam que tudo lhes pertencia, mas Deus, a quem cabe conceder todas as vitórias, de tal modo abençoou nossos poucos homens e de tal forma fortaleceu suas armas e resolução de lutar que os inimigos sofreram clamorosa derrota e ficaram felizes de livrar-se das nossas mãos. Assim foi que a galeota, que na chegada parecia trazer ao menos duzentos ou trezentos homens, partiu com os remos quebrados e pendendo para um lado (feito uma *botija* que perdeu a alça esquerda), com grande quantidade de mortos e feridos empilhados uns sobre os outros, e mal se viam nem sequer vinte homens que estivessem de pé, já que a maioria deles estava morta ou ferida de morte. E, embora tivessem nos abordado com grandes bravatas e rufar de tambores, gritos e alarido, partiram sem ruído de tambor ou vozerio.

    Nesse embate perdemos somente três homens: Alexander, auxiliar do mestre artilheiro, Laurence Gambrel, um bravo jovem de Hampton, e outro que era ajudante do sr. Benman. Alguns também saíram feridos pelas flechas do inimigo, mas as feridas eram tratáveis. Assim desejou Deus todo-poderoso, em sua enorme bondade, dar a vitória a cinquenta ou sessenta ingleses contra seiscentos ou setecentos portugueses e índios, donde não cessávamos de dar justificadas graças a Deus, que uma vitória assim tão milagrosa requeria.

Com relação ao intuito de nossos homens, que tinham ido em busca de comida fresca, seu trabalho não foi em vão, pois, apesar do inimigo, trouxeram a bordo dezesseis ou dezessete bezerros que nos serviram de imenso consolo e alimento. Quanto a nós que estávamos a bordo, não conseguimos chegar a sequer duas milhas de distância para ajudá-los, embora achássemos que a mera presença de nossos navios pudesse servir de estímulo a nossos homens, e causar algum medo no inimigo.

A estimativa que fizemos do número de portugueses e índios mortos, dada acima, baseou-se no palpite aproximado que pudemos fazer naquele momento, já que não tínhamos então outro meio de sabê-lo. Mas saibam que, na noite seguinte à luta, dois índios vieram a bordo numa jangada, fugindo de seus senhores, e nos garantiram que a galeota tinha partido da vila com quatrocentos homens, mas que não mais de trinta voltaram vivos para a vila.[31] E eu, que como os meus companheiros estava ansioso por saber novas da terra, interpelei um deles, que me respondeu com uma grande gargalhada: "Em terra estão todos se cagando".[32]

No dia 12 me chamaram a bordo da almiranta para tratar de assuntos da urca, já que os holandeses tinham reclamado e o sr. Withrington deu-lhes uma promissória para o pagamento do frete. Mas, como não sabia o que o conde acharia dessa promissória na nossa volta, aconselhei-o a tentar recuperá-la e guardá-la consigo.

No dia 13 nosso capitão mandou alguns alimentos do nosso navio para a almiranta: uma pipa de arroz preparado, duas caixas de arroz limpo, um barril de farinha de aveia, um barril de ervilhas e um barril de azeite, pois tinham poucos víveres. Nós, por outro lado, receberíamos deles nossa parte de 25 caixas de açúcar refinado, e mais oito caixas, além de seis caixas que foram tomadas dos engenhos da Bahia de Todos os Santos,[33] e mais de 130 chapéus, e várias outras pilhagens que tomamos nos barcos que apresamos e também em terra.

No dia 14, que era uma segunda-feira, decidimos por unanimidade não partir da cidade da Bahia, mas sim tentar conquistá-la, embora eles tivessem tido tempo de se fortificar e defender a vila. Assim aparelhamos nossas pinaças, caravelas e botes para a empreitada. Quando estávamos desembarcando dos nossos navios, o vento mudou e ficou contrário aos nossos propósitos, mudando nossos planos naquele momento e fazendo-nos retornar aos navios. E, para dizer a verdade, se o tempo e o vento estivessem propícios, teria sido um ataque muito arriscado de nossa parte, considerando o número de portugueses e índios reunidos, que eram uns 7 ou 8 mil, e sua artilharia em terra mirando na nossa direção, mas mesmo assim teríamos seguido adiante se os ventos nos tivessem permitido.

No dia 16 fomos até alguns engenhos dos portugueses e, como seus habitantes haviam fugido, invadimos suas casas sem resistência. Encontramos na casa de purgar mil potes de açúcar, alguns cheios de açúcar cozido pela metade, outros com açúcar cozido por um quarto, e outros que tinham acabado de ser enchidos. Então cada homem pegou um pote para si e o resto incendiamos.

No dia 17 todos levantamos âncora e seguimos para outro engenho para ver se conseguíamos achar açúcar melhor, e no caminho encontramos uma presa, uma caravela, que navegava a toda vela e a abordamos, descobrindo nela somente três falconetes de ferro, que levamos embora na nossa pinaça, e em seguida a incendiamos. Dalamor,[34] que vinha numa barca, avançou tão perto da costa que encalhou, ficando assim umas três ou quatro horas, até que vieram da vila cinco caravelas cheias de homens. Quando os vimos, nosso capitão e nossos homens foram ajudá-lo. As caravelas chegaram à distância de um tiro de falconete de nós, mas não ousaram se aproximar mais, ou teriam saboreado um banquete semelhante ao que tiveram da última vez. Quando a maré já estava subindo, a galeota dos portugueses veio novamente e mais três caravelas com ela, mas, antes que chegassem, a barca já tinha desencalhado e zarpado. E com isso voltaram todos para vigiar seus engenhos, os quais tínhamos a intenção de visitar. Mas a chegada da noite nos fez mudar de ideia.

No dia 19 zarpamos novamente em direção à cidade da Bahia com as nossas pinaças e uma bandeira branca, para ver se conseguíamos reaver quatro dos dez homens que tinham sido atacados no bote, de quem falamos acima, e que tinham sobrevivido mas infelizmente caído nas mãos do inimigo. Mas, quando nos aproximávamos da vila, começaram a atirar contra nós, e nós, tão prontos quanto eles, demos-lhes ao todo 27 tiros, e então ancoramos a uma pequena distância da vila para ver o que fariam.

No dia 20 vagávamos ainda em frente à vila, e nosso almirante mandou um negro a terra com cartas dos portugueses que tínhamos como prisioneiros a bordo. O que as cartas diziam era que, se soltassem nossos homens e os devolvessem, teriam de volta os portugueses que estavam nos nossos navios.

No dia seguinte de manhã, em vez da sua maldita bandeira, hastearam duas bandeiras brancas, e mandaram-nos uma jangada com dois índios com cartas contendo a resposta do governador.[35] Não queriam de modo algum nos devolver nossos homens e aconselhavam os portugueses a suportar seu cativeiro pacientemente, pois não iriam resgatá-los. Nas cartas tentaram propor comprar de volta uma das naus que tínhamos capturado na barra, mas nosso almirante respondeu-lhes que não: já que mantinham nossos homens presos, nós manteríamos presos seus homens e seus navios também. Na mesma noite levantamos âncora e partimos do porto, navegando meia légua mar afora.

No dia 22 zarpamos para alto-mar, e no dia 23 chegamos a uma ilha que ficava a doze léguas ao sul da cidade da Bahia para nos abastecer de lenha e água.[36]

No dia 24, estando a bordo das pinaças, demos com uma canoa onde iam um português e seis índios. Atiramos contra a canoa, matamos um índio e capturamos o português e um dos índios, e os trouxemos a bordo de nossos navios. Lá os interrogamos e o português confessou que havia um navio carregado de farinha e outros alimentos indo para Pernambuco, mas que tinha ancorado numa enseada por medo de navegar sozinho pela costa depois de ouvir falar de nós. Então equipamos ambas as pinaças e, levando o português conosco, partimos em busca do tal navio, mas não conseguimos achá-lo naquela noite.

No dia 26 saímos novamente em busca e o encontramos ancorado numa enseada onde nunca se imaginaria que sequer um bote pudesse entrar. Encontramo-lo realmente carregado sobretudo de farinha, mas também trazia catorze caixas de açúcar, das quais duas eram de açúcar em pó e doze em torrões. Esse navio tinha 120 toneladas e era novo, essa era a sua primeira viagem, e, como confessou o português, tinha sido fretado para ir a Pernambuco, mas a gente da Bahia, como andava necessitada de pão, tinha comprado o navio junto com a carga, e achou por bem mantê-lo naquela enseada até que tivéssemos partido da costa. Só que tivemos a sorte de poder frustrar os seus intentos e levá-lo dali, onde pensavam que estaria mais seguro do que em Lisboa.

No dia 28 dividimos a farinha entre nós, de acordo com a necessidade de cada navio.

No dia 30, cerca de dezesseis ou dezessete holandeses foram até a praia no seu bote para buscar água e de repente foram atacados por cinquenta ou sessenta portugueses, e mais muitos índios com mosquetes e outras armas, que mataram o mestre e o tesoureiro, e feriram os demais, que, no entanto, conseguiram escapar com vida. Foi um bom aviso para que nos mantivéssemos discretos e cuidadosos durante os desembarques.

No último dia de maio nos desfizemos de uma de nossas presas, que chamamos de *George*, após transferir seus homens e outros itens necessários para a almiranta e a urca. No mesmo dia os portugueses que tinham atacado os holandeses vieram até a praia e nos desafiaram a desembarcar. Então embarcamos nas nossas pinaças com quarenta mosquetes, mas os patifes covardes fugiram todos da beira-mar em direção aos morros. Entretanto, o sr. Lister, acompanhado por nove homens, os perseguiu e chegou bem próximo deles, que não fizeram nada para se livrar dos perseguidores. E, assim, os nossos voltaram e pudemos fazer a aguada calmamente e ao nosso bel-prazer.

No terceiro dia de junho nosso capitão, o sr. Lister, desejando ardentemente seguir viagem conforme a orientação do senhor conde, foi até o nosso almirante e pediu que lhe desse seis pipas de vinho, um barril de azeite, três ou quatro barris de carne e que o deixasse ficar com Thomas Hood e sete ou oito marujos, em troca de alguns de nossos soldados, e dessa forma, e com a ajuda de Deus e a barcaça *Clifford*, ele sozinho seguiria para o Pacífico. Mas o almirante se opôs veementemente ao seu propósito e não cedeu a nenhuma vírgula dos seus pedidos.

No dia 7 de junho, como não tínhamos mais necessidade alguma de nossas presas, incendiamos uma delas e lançamos a outra à deriva, enchendo nossos navios com o que havia nelas de útil.

No dia 8 navegamos para o alto-mar, mas, como o tempo nos dificultasse a navegação, voltamos a ancorar no mesmo lugar.

No dia 10 o almirante nos chamou a bordo e, quando lá chegamos, ele abriu um mapa na frente de todos nós e nos disse que não seria mais possível seguir para o Pacífico na viagem que o senhor conde tinha originalmente planejado, por falta de homens aptos e de alimentos, e que, portanto, ele achava melhor partir em direção a algumas ilhas do Caribe ou dos Açores, para ver se lá encontrávamos bons lucros que pudessem satisfazer o senhor conde. Essas palavras tiveram enorme impacto em toda a tripulação e ninguém teve coragem de responder, mas ficaram em silêncio pela tristeza de ver as intenções do senhor conde assim traídas, e todos os seus enormes gastos e investimentos jogados fora. A maior parte da tripulação, vendo que não tinha jeito, ficou tão conformada quanto o almirante em fazer a viagem de volta.

No dia 16 avistamos uma nau, e imediatamente nossa pinaça e Dalamor puseram-se a persegui-la até forçá-la a encalhar perto de uma ilha, onde seus homens terminaram por abandoná-la e fugiram com o que puderam carregar. Os homens da pinaça a abordaram e encontraram pouco a bordo: retiraram dela nove caixas de açúcar, um leitão e 35 balas de chumbo, depois a abandonaram na areia.

Dali por diante começamos a navegar para o norte e em 1.º de julho demos novamente com a costa, onde pescamos e nos abastecemos razoavelmente. Verifiquei a latitude naquele dia e vi que estávamos a dez graus e 22 minutos.

No dia 7 decidimos seguir para Pernambuco, e chegamos tão perto que Dalamor (como nos contou) avistou alguns dos navios que estavam no porto. Apesar disso acabamos todos navegando a sota-vento do rio e depois não conseguimos de jeito nenhum voltar à mesma altura, embora ainda continuássemos tentando o máximo que pudemos, às vezes perdendo-nos de vista uns dos outros por um ou dois dias. Mas só nos restava ter paciência, pois para Pernambuco não conseguíamos ir, tendo passado tão ao norte de lá e com o vento sempre soprando de sul e sudoeste.

No dia 20, medi o sol em cinco graus e cinquenta minutos, o que foi a dois graus ao norte de Pernambuco, e, quanto mais avançávamos, mais navegávamos de forma inapropriada tanto para buscar um porto como para nos mantermos juntos. E creio mesmo que, com aquela impraticável rota a que nos submetia, o almirante na verdade tentava livrar-se de nós, pois, quanto mais buscávamos acompanhá-lo, mais para longe ele navegava. Quando percebemos isso, mantivemos nosso curso e tentamos ter o máximo de cuidado que podíamos.

No dia 24 reuniram toda a tripulação para uma consulta sobre o melhor curso a tomar: alguns queriam seguir para o Caribe, outros queriam rumar norte e ir direto para a Inglaterra. No fim acabamos concluindo que a maioria estava inclinada a seguir para o nosso país, dada a nossa necessidade de alimento e água fresca, e que, se qualquer porto se oferecesse para aguada pelo caminho, não deveríamos ignorá-lo.

No dia 26 de manhã avistamos uma ilha plana, mas a perdemos de vista e não conseguimos mais enxergá-la. Nesse dia estávamos a três graus e 49 minutos.

No dia 27 procuramos verificar quanta água nos tinha sobrado e achamos somente nove pipas, de modo que nosso capitão passou a distribuir somente meio litro[37] por homem por dia, para economizar o máximo que pudéssemos. Assim todos ficaram satisfeitos e éramos então 55 homens e meninos.

No dia 1.º de agosto encontramo-nos a cinco graus ao norte do equador e continuamos o resto do mês em nosso percurso para casa sem dar em nenhum porto. Lá pelo fim do mês aconteceu um lamentável acidente com a nossa urca, que, tendo se perdido de nós durante uma calmaria, acabou pegando fogo por alguma grande displicência e se perdeu no mar sem que pudéssemos ajudar o navio nem salvar seus tripulantes.

No dia 4 de setembro tínhamos alcançado a latitude de 41 graus e vinte minutos, um tanto ao norte das ilhas dos Açores. E assim, atormentados por ventos contrários, no dia 29 do mesmo mês alcançamos a costa da Inglaterra e dessa forma encerramos nossa viagem.

O saque do Recife por James Lancaster em 1595

Depois de realizar a primeira viagem inglesa à Índia, o navegador organiza uma expedição de corso com destino à rica capitania de Pernambuco, apoiada por investidores londrinos. Ao longo da viagem, a frota recebe a adesão de navios holandeses e franceses, resultando numa força armada de mais de dez naus. A tomada e o diligente saque da vila portuária de Recife, que então guardava as mercadorias de um galeão da Carreira da Índia, são narrados por autor não identificado, homem de armas, possivelmente um mosqueteiro da frota de James Lancaster. Seu relato foi publicado, em 1600, na coletânea de viagens de Richard Hakluyt, base da presente tradução. O lucrativo episódio inglês em Pernambuco também foi descrito num panfleto laudatório, de ampla divulgação, publicado em Londres no mesmo ano do retorno da frota, 1595, composto pelo poeta profissional Henry Roberts e intitulado Lancaster his Allarums, Honorable Assaults and Surprising of the Block-Houses and Store-Houses Belonging to Fernand Bucke in Brasill.

708 The Englifh Voyages, Nauigations, *M. Iames Lancafter.*

Oliues,
Caffatate,
Veluets.

folde for two and thirty, and fixe and thirty, and forty reals a iarre, by reafon there is great ftore of limmons and orenges in the countrey: but in Angola it is moſt woorth. Oliues are folde for halfe a reall a piece: wherefore I hope to fell the hogſhead for twenty thoufand reys. In taffataes and veluets there will be gotten two hundred and fifty and three hundred for one hundred. If I had brought great ſtore, I could haue folde it all at this rate. I haue already gotten good ſtore of reals of plate: for it is tolde mee that money is a good commoditiy in Angola. But I muſt imploy ſome in meale, which is in the grinding. All the reſt of my money I will ſend you by billes of exchange, and ſome part I will imploy in ſugars: for I haue ſent order to Baia for that purpoſe. For from this place there is no ſhipping that doth go that way. So theſe letters I do ſend vp the way of Fernambuc, and haue directed them to my couſin: for I do determine to ſettle my ſelfe here in this countrey. There is come downe from Peru, by this riuer of Plate, a merchant called Alonſo Ramires, and he hath brought downe with him ten or twelue thouſand ducats in reals of plate, and is come downe to this place to build him a ſhip to returne into Spaine: and there is come in his company a biſhop. And thus Ieſus Chriſt ſend you long health.

Your louing brother *Francis Suares.*

The well gouerned and proſperous voyage of M. *Iames Lancaſter,* begun with three ſhips and a galley-frigat from *London* in October 1594, and intended for *Fernambuck,* the port-towne of *Olinda* in *Braſil.* In which voyage (beſides the taking of nine and twenty ſhips and frigats) he ſurprized the ſayd port-towne, being ſtrongly fortified and manned; and held poſſeſſion thereof thirty dayes together (notwithſtanding many bolde aſſaults of the enemy both by land and water) and alſo prouidently defeated their dangerous and almoſt ineuitable fire-works. Heere he found the *cargazon* or freight of a rich Eaſt Indian carack; which together with great abundance of ſugars, Braſil-wood, and cotton he brought from thence; lading therewith fifteene ſailes of tall ſhips and barks.

IN September 1594 the worſhipfull M. Iohn Wats, alderman, M. Paul Banning, alderman, & others of worſhip in the city of London, victualled three good ſhips; to wit, The Conſent, of the burthen of 240 tunnes or thereabout, the Salomon, of 170 tunnes, and The Virgin, of 60 tunnes: and appointed for commanders in this voyage, M. Iames Lancaſter of London, gentleman, admirall of the fleet, M. Edmund Barker of London, viceadmirall, and M. Iohn Audely of Poplar neere London, rereadmirall, hauing in their ſayd ſhips to the number of 275 men and boyes.

Being fully furniſhed with all needfull prouiſion, wee departed from Blackwall in October following, keeping our owne coaſt, vntill we came into the Weſt countrey, where we met with ſuch guſts and ſtormes, that the Salomon ſpending her maſt at the Range of Dartmouth, put in to harbour; but by the earneſt care and induſtry of the generall and others hauing charge, the laſt thoroughly againe prouided. Which done, hauing a pleaſant gale for our purpoſe, we put forth from Dartmouth the laſt of Nouember following. But contrary to our expectation, not fifty leagues from our owne coaſt, we loſt the Salomon and the Virgin, by a ſtorme of contrary winde that fell vpon vs: yet being alone, in hope to meet them about the Canaries or Cape Blank, we kept on our courſe to the Canaries, but could heare no tidings of our conſorts: which greatly grieueuds.

A ſhippe with 80 tunnes of wine taken.

Thence we went, bearing for the iſle of Tenerif, where in the morning early we had ſight of a ſaile, which being becalmed vnder the ſhore, was towing with their boat ahead, hauing one other at her ſterne. For this ſaile we manned our boat, appointing our men wel for fight, if neede ſhould require. The Spaniards ſeeing our boat come, entred theirs, and leauing the ſhip, ſought to ſaue themſelues by flight: but our men purſued them ſo faſt, that they booſted them, and brought them with their ſhippe to our Generall. This ſhip we laden with 80 tunnes of Canary-wine, which came vnto vs before it was welcome. We kept one mannetuile, plying the day, and the next night thereabout. The very next morning we had ſight of one other; to whome (in like maner) wee ſent our boat: but their gunner made a ſhot at her, and ſtrooke off a proper young mans arme; yet we inforced her to preſſe, and ſound 40 tunnes of wine in her. The Spaniards

Another prize with 40 tunnes of wine taken.

hauing their free paſſage, and an acquittance for the deliuery of their wines, were all ſet on ſhore vpon Tenerif, making a quicke returne of their long voyage intended into the Weſt Indies.

Hence we departed toward Cape Blank; and before wee came thither, we met againe with the Virgin our rereadmirall, whoſe men tolde vs for very truth, that the Salomon was returned for England; inforced ſo to doe, by ſpending her maſt the ſecond time. Which when our men vnderſtood

Página da primeira edição de *The well governed and prosperous voyage of M. James Lancaster*

LANCASTER his Allarums,

honozable Assaultes, and suppzising of
the Block-houses and Store-houses belonging to *Fernand Bucke* in
BRASILL.
With his bzaue attempt in Landing in the mouth of the
Ordinaunce there, which were Cannons Culuering, Cannon periall and Sacres of
brasse, with other sundzy his most
resolute and bzaue attempts in
that COVNTRY.
From whence he laded of their spoyles and rich commodities ho there found fifteene good Ships, which was *Si-*
nemon, Sugar, Pepper, Cloues, Mace, Callow-cloth and
Brassel-wood with other commodities. With the
names of such men of wozth hauing charge
within this most honozable attempt
lost their liues. Published
for their eternall
HONOR.

by a VVelvviller.

Imprinted at London by A. I. for VV. Barley
and are to be solde at his

Folha de rosto do panfleto *Lancaster his Allarums*,
escrito por Henry Roberts

Imagem do panfleto de Henry Roberts, representando Lancaster e seus homens em Pernambuco

A PRÓSPERA E BEM EXECUTADA VIAGEM DO SR. JAMES LANCASTER, INICIADA COM TRÊS NAVIOS E UMA GALEOTA EM LONDRES, EM OUTUBRO DE 1594, COM DESTINO A PERNAMBUCO, VILA PORTUÁRIA DE OLINDA, NO BRASIL. NESSA VIAGEM (ALÉM DE TER CAPTURADO 29 NAVIOS E FRAGATAS) ELE ATACOU A DITA VILA PORTUÁRIA, MESMO SENDO BASTANTE FORTIFICADA E HABITADA, E A MANTEVE EM SEU PODER DURANTE TRINTA DIAS AO TODO (APESAR DE VÁRIOS OUSADOS ATAQUES TENTADOS PELO INIMIGO TANTO POR TERRA COMO POR MAR) E TAMBÉM, DE MODO PROVIDENCIAL, EXTINGUIU SEUS PETARDOS DE FOGO PERIGOSOS E QUASE INEVITÁVEIS. LÁ ENCONTROU UM GALEÃO CARREGADO DE RICAS MERCADORIAS PARA AS ÍNDIAS, QUE TROUXE DE LÁ JUNTO COM GRANDE ABUNDÂNCIA DE AÇÚCAR, PAU-BRASIL E ALGODÃO, ENCHENDO COM ELES QUINZE GRANDES NAVIOS E BARCAS

Em setembro de 1594 os veneráveis srs. John Wats, conselheiro, Paul Banning, conselheiro, e outros dignitários da cidade de Londres abasteceram três bons navios, a saber: o *Consent*, de 240 toneladas de carga mais ou menos, o *Salomon*, de 170 toneladas, e o *Virgin*, de sessenta. Escolheram para comandar essa viagem o sr. James Lancaster de Londres, cavalheiro, almirante da frota, o sr. Edmund Barker de Londres, vice-almirante, e o sr. John Audely de Poplar, perto de Londres, contra-almirante, que levavam nos ditos navios a quantidade de 275 homens e meninos.

Quando estávamos plenamente abastecidos de todo o necessário, partimos de Blackwall[1] no outubro seguinte, margeando nossa própria costa, até que alcançamos o sudoeste da Inglaterra, onde nos deparamos com tais rajadas de vento e tempestades que, na altura de Dartmouth, o *Salomon* perdeu o mastro e foi forçado a atracar. Entretanto, graças à dedicação e ao empenho do almirante e de outros no comando, logo foi consertado. Isso feito, e o vento favorável aos nossos propósitos, zarpamos de Dartmouth no último dia do novembro seguinte. Contudo, contrariando nossas expectativas, quando estávamos a menos de cinquenta léguas da nossa própria costa, perdemos de vista o *Salomon* e o *Virgin* durante uma tempestade de ventos contrários que nos apanhou pelo caminho. Mesmo sozinhos, seguimos para as Canárias, na esperança de reencontrá-los na região das Canárias ou Cabo Blanco,[2] mas não tivemos notícias dos nossos companheiros, o que muito nos abateu.

Para lá seguimos, dirigindo-nos para a ilha de Tenerife,[3] onde cedo de manhã avistamos uma embarcação que, na calmaria próxima à costa, seguia rebocando o próprio bote e outro pela popa. Aprontamos nosso bote para abordá-la, escolhendo os melhores homens para a luta, se esta fosse necessária. Quando os espanhóis viram o nosso bote que se aproximava, subiram a bordo do seu bote e abandonaram o navio, tentando fugir para se salvar, mas nossos homens os perseguiram tão velozes que os abordaram e os trouxeram, junto com o navio, até o almirante. Esse navio carregava oitenta toneladas de vinho das Canárias, que nos foi mais do que bem-vindo. Durante aquele dia e na noite seguinte o mantivemos por ali, manejado por nossos homens. Logo na manhã seguinte avistamos outro, contra o qual enviamos nosso bote da mesma maneira que antes, mas o artilheiro deles o alvejou, arrancando o braço de um jovem que vinha a bordo. Ainda assim o forçamos a se render, e achamos nele quarenta toneladas de vinho. Depois que os espanhóis conseguiram um salvo-conduto e uma dispensa da entrega dos seus vinhos, foram todos desembarcados na costa de Tenerife, sendo obrigados, portanto, a dar meia-volta da longa viagem que tencionavam fazer para o Caribe.

Assim partimos para o Cabo Blanco e, antes que lá chegássemos, encontramos novamente o *Virgin*, nossa contra-almiranta, cujos homens nos garantiram que o *Salomon* se vira forçado a retornar para a Inglaterra ao perder seu mastro pela segunda vez. Quando nossos homens souberam disso, ficaram todos perplexos, sem saber o que fazer, comentando entre si que, quando estávamos todos juntos, nosso poderio já era pequeno, agora então, tendo perdido metade dos nossos reforços, não seríamos capazes de realizar a viagem. Portanto, alguns foram até o capitão para perguntar-lhe o que faria agora, tendo perdido o *Salomon*, que era metade da nossa força, sugerindo que ele seguisse para o Caribe para lá conseguir algum lucro, pois seu plano original tinha se tornado impossível por falta da força necessária. Quando o capitão ouviu essas novas, e sabendo que os marujos mudam muito de opinião, respondeu-lhes assim:

— Senhores, informei a todos aqui ao partirmos da Inglaterra qual era minha intenção, que eu pretendia ir até Pernambuco, e, embora no momento estejamos sem um dos navios, ainda assim (se Deus quiser) pretendo seguir adiante, e sem dúvida reencontrá-lo em algum dos pontos de encontro, que são o Cabo Blanco ou as ilhas ao largo do Cabo Verde. Pois tenho certeza de que o sr. Barker, o capitão, está tão decidido a seguir nesta viagem que, quando seu mastro estiver consertado, ele não tardará em nos reencontrar, e não seria sábio alterar nosso curso até que o tenhamos procurado nos pontos de encontro, pois alterar o curso é a ruína da maioria das nossas empreitadas. E espero que todos aqui se satisfaçam com o seguinte: Deus é testemunha de que não me convencerão a seguir outro curso diferente daquele que escolhi.

Com esses argumentos e muitos outros ficaram todos satisfeitos, e, quando chegamos ao Cabo Blanco (Deus seja louvado), encontramos com o *Salomon*, o que trouxe imensa alegria a todos. Lá ele tinha capturado 24 navios e caravelas espanhóis e portugueses que pescavam, e retirado deles tudo de que necessitava. Nosso capitão levou quatro desses navios com ele, junto com outro que ele mesmo tinha capturado, para usá-los quando fosse necessário. Nesse lugar, ele soube, por um dos pilotos desses navios, que um dos galeões que vinham das Índias Orientais[4] naufragara em Pernambuco, tendo toda a sua mercadoria sido armazenada no Recife,[5] que é a cidade baixa. Todos nos alegramos com essas notícias, e muito comemoramos, pois nossas esperanças eram as melhores com um tal butim à nossa espera.

Estávamos muito felizes com esse reencontro e com o desenrolar dos acontecimentos, e tínhamos grandes esperanças de bênção divina para realizarmos a viagem planejada, de modo que, depois de conversas e brincadeiras animadas pela alegria do reencontro (louvando a Deus por tudo), zarpamos para Maio.[6] Quando lá ancoramos, nosso almirante e o resto dos capitães foram até a praia para ver onde poderíamos montar a pequena galeota que tínhamos trazido desmontada da Inglaterra e que seria usada para desembarcar nossos homens na chegada ao Brasil. Lá nos desfizemos de nossa grande presa de vinho e a incendiamos, mas devo mencionar que, antes de chegar lá, tínhamos avistado quatro embarcações — que eram o capitão Venner[7] em seu navio *Peregrine* e um biscainho que ele capturou em Cabo Blanco, o *Welcome* de Plymouth e sua pinaça — que acabaram todas se juntando a nós. Só que eles de início, ao verem nossas bandeiras e não imaginando que fôssemos os bons camaradas que somos, fizeram o máximo para fugir. Isso nossos homens levaram muito a mal, que, sendo todos amigos, eles não quisessem nem nos pedir notícias nem dar-nos notícia alguma de nossos companheiros, mas preferissem partir sem a menor gentileza. Como disse antes, uma vez escolhido o melhor lugar para construir a galeota, levaram-na até a praia onde os carpinteiros se puseram ao trabalho, animados pelos bons presentes recebidos do almirante e pelo bom tratamento dado pelo resto dos comandantes, além do cuidado que o capitão teve pela segurança de todos eles, mantendo boa guarda. Mesmo assim, um camarada descuidado que não conhecia a terra distanciou-se do grupo, foi capturado e levado pelos portugueses, tendo sido muito bem tratado e depois devolvido, o que fez com que o almirante retribuísse com presentes muito razoáveis, que os portugueses aceitaram com a mesma gentileza. Enquanto nos ocupávamos da tal galeota, avistamos no mar quatro embarcações que imaginamos viessem das Índias ou pelo menos nos trouxessem o que procurávamos, mas estas revelaram ser o já mencionado capitão Venner e sua frota, que, vendo-nos ancorados, também ancoraram. Depois de passarem algum tempo por ali, e ao saberem dos planos de desembarque do nosso capitão, resolveram juntar-se a nós e, conforme as regras do mar, foram então redigidos e assinados por ambas as partes documentos que nos garantiam três quartos, e a eles um quarto, de tudo o que se conseguisse, o que aumentou a nossa força e nos deixou ainda mais seguros. Ficamos nesse lugar umas três semanas mais ou menos até que a galeota ficasse pronta. Isso feito, pusemos os homens a bordo, equipamo-la com remos, tendo ela catorze bancos em cada lado, um mastro e uma vela, e o seu comando foi dado ao sr. Wats, um marujo honesto e hábil.

De lá zarpamos de novo para alto-mar e seguimos em direção à ilha Brava, onde fizemos aguada. Isso feito, sem nos demorarmos mais por lá, dirigimos o nosso curso o mais direto que pudemos para o nosso destino, vindo a encontrar terra firme pela primeira vez no lado sul do Cabo de Santo Agostinho. De lá continuamos navegando até o nosso desejado porto, Pernambuco, e avançamos tanto que em torno da meia-noite chegamos em frente ao porto, onde alguns ficaram à deriva, acreditando que a melhor estratégia seria entrar com a luz do dia, já que o porto era difícil e, por isso, perigoso. Como todos os nossos navios tinham chegado em segurança, Deus foi louvado, e o almirante foi de navio em navio, no seu bote, ordenando que preparassem todos os homens disponíveis, armados de mosquetes, piques, alabardas, arcos, flechas e qualquer outra arma que tivessem, a fim de acompanhá-lo. Ele mesmo, com oitenta homens de seu próprio navio, embarcou na galeota, que trazia na sua proa boa artilharia e dois canhonetes.

Nosso almirante passou a noite toda dando instruções em cada navio para que seus homens estivessem todos a postos nos botes, pois pretendia entrar no porto ao raiar do dia e deixar os navios ao largo até que tivesse capturado o forte e a vila, já que não arriscaria entrar com os navios até que tivesse tomado o porto. Também equipou cinco navios que tinha trazido do Cabo Blanco e colocou a bordo deles os homens necessários para navegá-los, e nenhum mais, orientando-os a entrar no porto com seus botes, pois em sua entrada havia três grandes urcas holandesas, que o almirante acreditava não lhe impediriam a entrada. Portanto, deu ordem aos homens nesses cinco pequenos navios, com menos de sessenta toneladas cada, para que, se os holandeses oferecessem qualquer resistência, os abalroassem e ateassem fogo aos próprios navios, fugindo nos botes que traziam justo para isso, de forma que não impedissem nossa entrada. Mas, quando amanheceu, tínhamos sido levados mais de meia milha para o norte, longe do porto, o que nos foi uma grande inconveniência. Portanto, antes que conseguíssemos nos aproximar novamente, a maré baixa nos alcançou, forçando-nos a vagar em frente do porto até as duas horas da tarde, às vistas da vila inteira. Enquanto isso, nossos navios passaram em frente ao forte ao largo do porto, a mais ou menos uma canhonada de distância, e houve muita troca de tiros entre o forte e os navios, especialmente entre a almiranta e eles, mas nenhum grande dano foi feito de nenhum lado. Durante todo esse tempo o almirante manteve os homens prontos na galeota e nos botes. Os holandeses ancorados na boca do porto, ao perceberem nossas intenções, soltaram os cabos e saíram do nosso caminho. Nosso almirante se alegrou muito e encorajou todos os seus homens, pois considerava o maior perigo de todos passar por entre as três grandes urcas holandesas. Mais ou menos à meia-noite o governador da vila[8] enviou um português a bordo da almiranta para saber o que queríamos e por que tínhamos vindo. Ele retornou com a seguinte resposta: que o almirante queria as mercadorias dos galeões, e por causa delas tinha vindo, e iria obtê-las de qualquer jeito, como logo iriam ver. Enquanto isso, os habitantes da vila, vendo tantas embarcações e percebendo que éramos inimigos, reuniram-se em três ou quatro tropas, de pelo menos seiscentos homens aproximadamente.[9] Foram até o forte ou plataforma que protegia a entrada do porto e ficaram lá aguardando nosso desembarque. Mas, antes que o almirante embarcasse nos seus botes, deu ordens expressas a todos os que estavam encarregados dos botes ou da galeota para lançá-los com tal violência contra a praia de forma a afundá-los sem possível recuperação, assim nenhum homem ficaria a bordo e nossos homens lutariam sem possibilidade de retirada, contando só com Deus e com suas armas.

Quando chegou a hora da maré-cheia, mais ou menos às duas da tarde, nosso almirante partiu e adentrou o porto com a galeota seguido de todos os outros botes, enquanto as urcas holandesas ancoradas na entrada do porto nada fizeram para impedi-lo. Contudo, o forte começou a lançar sua artilharia sobre a galeota e os botes, e um dos tiros arrancou fora um grande pedaço da bandeira da galeota. Mas, como nossas velas estavam enfunadas, não havia tempo para hesitação: com toda a força que tínhamos, lançamos a galeota contra a praia logo abaixo do forte, e foi com tal violência que a espatifamos, que ela logo naufragou, pois, no local onde desembarcamos, quebrou uma onda que logo a afundou. Os botes que vinham atrás fizeram o mesmo. Quando chegamos, os que estavam no forte tinham já preparado toda a sua artilharia, que eram sete canhões de cobre, para descarregá-la sobre nós no desembarque, o que de fato fizeram: quando nosso almirante pulou na água, e todos junto com ele, logo dispararam essas balas de canhão. Mas Deus todo-poderoso seja louvado, pois os que estavam no forte, assustados com o nosso desembarque logo embaixo do nariz deles, tinham mirado os canhões tão para baixo que os tiros foram todos dar na areia, ainda que, como já disse, a distância entre o lugar onde desembarcamos e a frente do forte fosse ínfima. Mesmo assim só conseguiram atingir e arrancar o braço de um dos nossos, sem causarem maior dano, o que foi para nós uma grande bênção de Deus, pois, se aquela artilharia estivesse bem posicionada, muitos de nós teriam morrido ali mesmo. Quando nosso almirante viu o que acontecia, gritou, encorajando seus homens:

— Pra cima deles! Pra cima deles! Tudo agora é nosso (com a ajuda de Deus)!

E todos correram para o forte com todo o ímpeto.

As quatro tropas de homens que tinham sido posicionadas em defesa contra nosso desembarque, vendo-nos assim tão resolutos, começaram a retroceder e se retirar para uma mata que ficava ao lado do forte.[10] Quando os perseguimos, fugiram atravessando um charco que estava seco, já que era o início da vazante, e assim abandonaram o forte, deixando toda a artilharia para nós. Esse dia da nossa chegada era a Sexta-Feira da Paixão, quando essa gente costuma se autoflagelar, mas Deus nos tinha enviado como uma punição geral para eles todos, poupando-os desse trabalho. Depois de ter conquistado o forte com toda a sua artilharia, o almirante acenou para os navios, avisando-os para içar âncora e vir para o porto, o que fizeram o mais rápido possível. Então o almirante ordenou que alguns homens ocupassem o dito forte e apontou os canhões para a cidade alta, de onde ele suspeitava que pudesse vir o maior perigo. Em seguida, colocou seus homens em ordem e marcharam todos para a cidade baixa, a mais ou menos trezentos passos do forte, e era nessa cidade que toda a mercadoria e outros bens estavam. Enquanto o comandante se aproximava e invadia a vila, a população embarcou em caravelas e botes com toda a pressa que podia. Quando ocupamos a cidade baixa, que tinha mais de cem casas, encontramos uma grande quantidade de mercadorias de todo tipo, como pau-brasil, açúcar, tecido das Índias,[11] pimenta, canela, cravo, milho, noz-moscada, e mais várias outras coisas boas, o que nos deixou muito satisfeitos. O almirante percorreu toda a cidade e posicionou no extremo sul o capitão Venner e seus homens, enquanto ele próprio e seus homens se posicionaram no centro da cidade, e os capitães Barker e Addy no outro extremo, dando ordem severa para que aquele que arrombasse ou entrasse em qualquer armazém sem ordem ou autorização sua fosse gravemente punido e perdesse a sua parte do butim. E essa ordem foi respeitada como nunca se viu antes, levando-se em conta a enormidade do espólio ali achado, e não se soube, durante toda a nossa estadia ali, de nenhuma desordem cometida nem de nenhum arrombamento em alguma casa ou armazém, nem de nenhum roubo ou pilhagem. Isso é digno de nota num assalto como esse, pois a marujada e os soldados são muito dados à pilhagem e ao roubo, fiando-se mais nisso do que na sua parte do butim.

    Depois de ter dessa forma tomado tais providências, montamos guarda com muita vigilância nessa primeira noite. Ao amanhecer, o almirante e o capitão Venner, junto com os outros capitães, percorreram a vila e ordenaram que a fortificassem com toda a presteza. Assim, em dois dias toda a parte da vila que dava para o interior ficou cercada de postes e tábuas de pelo menos nove pés de altura, pois (graças a Deus) encontramos bastante madeira na vila para isso. É preciso esclarecer que um lado dessa vila dá para o mar, e por trás dela passa um rio, de modo que, para chegar a ela por terra, é preciso cruzar uma passagem estreita de não mais que uns quarenta passos de largura na maré alta. Nessa passagem construímos um forte, e colocamos nele cinco peças de artilharia retiradas do primeiro forte que ocupamos quando entramos no porto. Então, tendo a vila já conquistada, o almirante mandou chamar os holandeses através de seu cirurgião, que tinha crescido na Holanda e conhecia seus hábitos, além de ser ele próprio sóbrio e discreto. Assim que ele subiu a bordo da urca, mostraram-se cautelosos e desconfiados, pois vinham em três grandes urcas armadas, mas tal foi a sua forma de se portar que no fim o convidaram a subir a bordo da maior delas, de mais de 450 toneladas. Então ele lhes contou qual era o nosso objetivo ao ir até ali, e que eles podiam ficar tranquilos que não haveria nenhuma violência ou ataque contra eles, e que se sentissem como se estivessem na sua própria casa, e que, se estivessem dispostos a considerar uma boa proposta, o almirante os encarregaria do frete das mercadorias até a Inglaterra, se eles achassem o valor do frete justo, e que a escolha seria inteiramente deles se lhes fosse proveitoso e assim quisessem, ele não os forçaria. Embora de início se mantivessem inflexíveis, como a gente desse país costuma ser nesses casos, depois de uma boa conversa e com boa negociação acabaram indo até a praia e, depois de se reunirem com o almirante, ficaram tão satisfeitos que aceitaram o frete. Assim nos juntamos a eles e eles a nós, e nos ajudaram de forma tão constante e leal como se fossem nossa própria gente, mantendo vigilância, bem como em muitos outros serviços ao mar.

Dois dias depois da nossa invasão, em torno da meia-noite, um grande número de portugueses acompanhados de índios nos atacou com grande alarido, mas graças a Deus não fomos pegos desprevenidos: nosso almirante, temendo um ataque desses, tinha entregado a todos mosquetes com munição explosiva, atingindo de tal forma índios e portugueses que estes imediatamente retrocederam. Vale notar que um único tiro desses matou juntamente um cavaleiro e seu cavalo. Nossos homens os perseguiram ainda por uns cem passos, mas não mais. Perdemos somente um homem nessa escaramuça, mas vários ficaram feridos. Não conseguimos saber das perdas do outro lado, pois, após nossa retirada e antes que amanhecesse, levaram embora os mortos. Uns três ou quatro dias depois da nossa chegada, chegaram ao porto três navios e duas pinaças, e, como as pinaças vinham mais à frente, avistaram nossas bandeiras, e uma delas, que era uma pinaça francesa, entrou no porto e avisou que todos os outros eram barcos franceses. O almirante então os convidou a entrar no porto, e assim fizeram. Eram navios de guerra franceses e tinham vindo em busca de lucro. Os capitães desembarcaram e foram bem recebidos. Entre eles havia um certo capitão Jean Noyer de Dieppe, que no ano anterior tinha levado nosso almirante a bordo na ilha Mona no Caribe, onde seu navio havia naufragado quando voltava das Índias. A esse homem o almirante deu provas de enorme gentileza, mostrando gratidão pela ajuda que lhe tinha sido dada. Esse capitão pediu ao almirante que lhe desse alguma carga de pau-brasil de Pernambuco, que lhe foi dada. Além disso, o almirante lhe deu sua pinaça e ainda uma caravela de cerca de cinquenta toneladas, dizendo-lhe que também a carregasse com madeira, o que, junto com outras benesses, o capitão recebeu agradecido. Para os dois outros capitães, o almirante também deu carregamentos de madeira, um deles vinha de Dieppe e o outro de La Rochelle. O capitão de Dieppe revelou que tinha encontrado Abraham Cocke alguns meses antes, em dificuldade por falta de água fresca, tendo lhe dado então alguma água e o acompanhado até um local de aguada onde havia bastante água e lá o deixou, e relatou ainda que seus homens estavam muito fracos. A chegada desses navios aumentou consideravelmente a nossa força, pois o almirante determinou que tanto os navios franceses como os holandeses usassem seus botes para vigiar o rio à noite, cada bote com pelo menos doze homens a bordo e bem equipado. Tais providências foram tomadas em virtude do receio de que nos lançassem navios ou barcas em chamas, o que fez o almirante ser muito cuidadoso, e por isso os nossos navios passaram a navegar com cabos e espias, para dessa forma poder rechaçá-los se eles tentassem com esses expedientes nos expulsar do porto. O almirante ordenou também que vigiássemos a vila e que, caso avistássemos qualquer sinal de fogo, nenhum homem abandonasse o seu posto a não ser que ele, o almirante, desse ordem contrária. Quando tudo estava assim ordenado, e tendo já vistoriado todas as mercadorias da vila, considerando-nos suficientemente fortificados, começamos a desembarcar nossa carga, já que nossos navios tinham chegado tão carregados como tinham partido, mas não com mercadoria tão boa. O desembarque de nossa carga e o embarque da mercadoria da vila foram organizados da seguinte maneira: dividimos nossos homens em dois grupos, um trabalhava num dia e o outro no dia seguinte, e sempre aqueles que não estavam trabalhando montavam guarda com as armas na mão, sem que ninguém se afastasse do seu posto, e mesmo aqueles que estavam trabalhando tinham suas armas preparadas e ao alcance da mão, de modo que pudessem usá-las num instante: e isso foi muito bem organizado.

No terceiro dia depois da nossa chegada, vieram da cidade alta, que fica mais ou menos quatro milhas morro acima, três ou quatro dos principais cavalheiros da terra e disseram que em nome do bispo, deles mesmos e dos outros desejavam falar com o nosso almirante. Quando avisamos o almirante disso, ele ficou com a cabeça baixa por um momento e, depois de refletir um pouco, respondeu:

— Preciso ir a bordo do navio dos holandeses para resolver assuntos meus, portanto deixe que esperem se quiserem.

Então partiu e ficou com os holandeses das nove da manhã até as duas da tarde. Durante esse tempo vários mensageiros foram até o almirante, pedindo que viesse, pois os cavalheiros continuavam esperando. A todos ele respondia:

— Ainda não se foram?

Quando, em torno das duas da tarde, desembarcou, disseram-lhe que os senhores tinham partido. Muitos dos nossos melhores homens ficaram surpresos, sem entender por que ele não tinha aceitado ir e negociar com tais homens, que pareciam ser importantes. Mas o almirante respondeu-lhes assim:

— Senhores, eu cresci no meio dessa gente, vivi entre eles como cavalheiro, servi-lhes como soldado, e vivi entre eles como comerciante, de modo que conheço algo das suas maneiras e da sua natureza. Sei que, quando não conseguem vencer pela força da espada, então empregam suas falas enganosas, pois não têm nenhuma fé nem lealdade, nem as usarão, a não ser para proveito próprio. Por isso lhes aviso que fiquem alertas, se lhes derem conversa, eles nos trairão. No que me diz respeito, me pesaria mais ser enganado por essa gente ou pelos espanhóis do que por qualquer outra nação do mundo. E estou contente por ter a fortuna de usar com eles de um dos enganos que costumam empregar, pois garanto que eles me entendem mais do que os senhores podem imaginar. E com isso peço que se deem por satisfeitos. Espero que seja para o nosso bem, pois o que podemos ganhar em negociar com eles quando (com a ajuda de Deus) já conseguimos aquilo que viemos buscar? Devemos arriscar perder o que conquistamos pelas nossas espadas, para que eles no-lo arranquem com palavras e diplomacia? Não haveria nenhum tino nisso. Sabem o quanto isso nos custou, e quantos homens jazem aí feridos ainda se recuperando dos ferimentos da outra noite. Portanto, de agora em diante estabeleço o seguinte: se algum deles for pego, que seja mandado de volta com a ordem de que qualquer um que se aproximar de nós, mesmo que venha como amigo, será enforcado imediatamente. E só agirei com eles dessa maneira.

 E assim foi feito, pois, dali a uns três ou quatro dias, o recado foi dado por dois deles que apanhamos durante a noite. Depois disso nunca mais fomos incomodados por espiões e, embora muitos escravos fugissem de seus donos para vir se juntar a nós, pelos quais ficamos sabendo muito de suas intenções e ações, o almirante só aceitou receber poucos deles.

 Enquanto nos pusemos ao trabalho, os portugueses junto com a gente da terra não ficaram parados, pois, vendo-nos tão ocupados, cerca de seis noites depois de nossa chegada, sorrateiramente cavaram uma trincheira na areia, a cerca de um tiro de colubrina dos nossos navios. Tencionavam enchê-la de artilharia, o que teria causado grande dano aos navios, impedindo-os de se aproximar para receber a carga que agora começava a ser embarcada neles. Quando o almirante soube disso, às três da tarde mais ou menos, arregimentou nossos homens e, junto com o resto dos capitães, marchou até eles. Quando os portugueses e os índios perceberam que nos aproximávamos, começaram a recuar para dentro da trincheira, com a intenção (como parecia) de lutar dali. Mas não nos intimidamos, o que nem nos cabia, mas imediatamente nos aproximamos das suas trincheiras com nossos mosquetes e lanças, antes que eles as tivessem terminado de construir, e assim com a ajuda de Deus as invadimos. Os portugueses e índios abandonaram o local, deixando-nos quatro bons canhões de bronze, com pólvora e balas e mais várias outras coisas úteis, além de cinco pequenas carroças da terra, que nos serviram mais do que todo o resto, pois as tomamos para carregarmos nossas mercadorias da vila até a beira-mar. Sem elas não saberíamos como iríamos fazer, já que muitas das mercadorias eram tão pesadas que, sem carroças, não teríamos conseguido carregá-las. Todas essas coisas levamos conosco, e destruímos as plataformas que tinham construído. E assim ficamos livres deles por alguns dias, durante os quais continuamos a dividir a mercadoria com o capitão Venner, de acordo com o nosso trato, e íamos diariamente carregando-a a bordo, as tripulações dos navios se alternando no trabalho conforme lhes cabia, exceto as dos três navios holandeses, pois as mercadorias deles foram colocadas nos seus botes pelos seus próprios homens. Até nisso tivemos sorte e a bênção divina, pois, logo depois de termos capturado essas carroças, na manhã seguinte chegou um navio com uns sessenta negros, dez mulheres portuguesas e quarenta portugueses. As mulheres e os negros mandamos embora da vila, mas o almirante manteve os portugueses para puxarem as carroças com a carga, o que nos aliviou bastante o trabalho. Afinal de contas aquela terra é muito quente e insalubre para que os nossos tenham que fazer qualquer trabalho pesado.

Nessa vila não há água fresca, portanto tínhamos que atravessar o rio até o continente a cada cinco ou seis dias para nos abastecer, só que, depois da primeira ou segunda vez, os portugueses se apoderaram do local e não nos deixaram mais apanhá-la, de modo que precisamos tomá-la à força, e muitas vezes alguns de nossos homens saíram feridos, embora só dois ou três tenham sido mortos, e mesmo com esse perigo éramos forçados a voltar ao mesmo local para conseguir a nossa água.

Da mesma forma como nos atacaram quando apanhamos água, tomaram também outras providências, e resolveram incendiar nossos navios e expulsá-los do porto. Aconteceu que, uns vinte dias depois da nossa chegada, eles prepararam cinco caravelas e encheram-nas com coisas que facilmente se incendeiam. Levaram-nas até uma milha ou um pouco mais de nossos navios, e atearam-lhes fogo. Não puderam chegar mais perto por causa da nossa vigilância nos botes, pois, como foi dito acima, o almirante mantinha sempre seis botes montando guarda a cerca de meia milha dos navios, para evitar emboscadas como essa, e foi por isso que eles não puderam lançar suas caravelas em chamas de tão perto quanto queriam. Só que as caravelas incendiadas tinham a maré a seu favor, e também algum vento, o que as fez avançar com a corrente ainda mais rápido. Quando nossos homens nos botes perceberam isso, avançaram até elas da melhor maneira que puderam, mas, como a maré e o vento as favoreciam, elas alcançaram os navios com muita rapidez. Nossos homens que estavam na vila ficaram assustados, mas nenhum se mexeu ou saiu do seu posto, era como se nada estivesse acontecendo. Também os mestres e o pessoal a bordo ficaram estarrecidos ao ver cinco fogueiras tão grandes vindo na sua direção, mas buscaram desviar-se delas como puderam, pois tinham se preparado de antemão, imaginando que estratagemas como esse seriam usados, já que o rio se prestava bem para isso. Mas, graças a Deus — que esteve sempre do nosso lado e foi nossa melhor defesa nessa viagem — e com a Sua ajuda, conseguimos realizar essa enorme empreitada com tão poucas forças. Nossos homens nos botes foram tão valentes quando viram as fogueiras se aproximando dos navios que, lançando arpéus com correntes de ferro atadas neles, que cada bote trazia com esse intuito, conseguiram encalhar algumas das caravelas e deter outras, mantendo-as à distância até que se consumissem inteiras, e assim fomos salvos desse terrível perigo pela ajuda de Deus.

Cerca de seis noites depois disso, o que devia ser uns 26 dias após nossa chegada e ocupação, por volta das onze da noite vieram para cima de nós mais três grandes balsas em chamas, cujas labaredas eram as mais altas que já vi. Foi um enorme perigo, pois, quando nossos homens se aproximaram para lançar-lhes seus arpéus como tinham feito na outra noite com as caravelas, viram-se impedidos, porque as balsas tinham fincadas nelas várias estacas, que não deixavam que os arpéus atingissem o interior delas. Mas havia ainda um problema maior do que todos os outros: tinham fincado entre as estacas uns caniços ocos cheios de petardos de fogo em tal quantidade que, quando a chama os alcançava, soltavam sem parar tantas faíscas que os botes, que carregavam pólvora para nossos homens usarem, não ousavam se aproximar, por medo de que sua pólvora os incendiasse. Mas, quando viram que as balsas se aproximavam cada vez mais dos nossos navios, umedeceram alguns panos nos quais embrulharam a munição e assim partiram para cima das balsas, prendendo-as com seus arpéus e rebocando-as até a praia, onde ficaram encalhadas, e na manhã seguinte seu fogo ainda não tinha se apagado. Também vários troncos e pedaços de madeira em chamas vieram boiando na direção dos nossos navios, mas facilmente os desviamos com nossos botes. E, assim (Deus seja louvado), escapamos do segundo ataque de fogo. Um terceiro foi preparado, como nos contou um negro, mas este evitamos com nossa partida. Os preparativos para esse terceiro ataque foram enormes, e soubemos por fonte fidedigna que esse incêndio teria sido impossível de evitar, pois esses incêndios são certamente perigosos e não algo que se consiga evitar de repente, a não ser que se esteja precavido e preparado de antemão. Quando vêm de repente e sem aviso, deixam os homens muito confusos e assustados. Portanto, que todos aqueles que navegam em rios em terra inimiga fiquem preparados e alertas, pois não se vence o fogo sem prontidão.

É também comum nesses países quentes, onde há muitos bons nadadores, cortarem os cabos dos navios. Numa noite tentaram cortar o cabo da almiranta, mas, como o bote com dois homens estivesse a noite toda vigiando, conseguiram cortar somente a boia, e não o cabo. Depois daquela noite, entretanto, vendo como mantínhamos boa vigilância, eles nunca mais tentaram de novo.

Enquanto isso, graças a Deus, com a diligência de nossos comandantes e o trabalho dedicado de nossos homens, nossos navios ficaram completamente cheios, já que toda a melhor mercadoria tinha sido trazida a bordo. Portanto, o almirante decidiu partir naquela noite, que era a do 31.º dia desde a nossa chegada, ou o mais tardar no dia seguinte, e assim foi dada a ordem para que todos se preparassem. Naquela mesma manhã, enquanto estava a bordo do seu navio, o almirante percebeu na areia, bem perto do lugar onde os navios estavam atracados, um pequeno banco de areia recém-feito, atrás do qual às vezes dava para ver que havia gente. Imediatamente subiu no seu bote e foi até a vila, reuniu todos os capitães e contou-lhes que o inimigo estava tramando algo contra os navios, consultando-os sobre o melhor curso a tomar: ou bem partir para o ataque e ver o que estavam fazendo ou partir naquela noite segundo o que tinham previamente decidido. O almirante achava melhor partir naquela noite, dizendo que era loucura buscar briga sem necessidade. Outros achavam que seria bom saber o que estavam aprontando, porque, caso encontrássemos vento contrário e os navios não conseguissem partir, permitiríamos que o inimigo tirasse vantagem da situação contra nós.

— Bem — disse o almirante —, o assunto não é grave: o ataque não é arriscado, já que o lugar onde estão fica a apenas um tiro de falconete dos navios, e, se o inimigo começar a atacá-los, os navios podem descarregar sobre ele pelo menos umas quarenta balas de canhão, e nem uma ave conseguiria passar por lá sem ser morta. No entanto, não me agrada muito que vão até lá, pois não tenho estado bem nestes últimos dois dias, e não me sinto forte o suficiente para marchar pela areia.

Todos logo responderam:

— Não precisa se preocupar em participar desta ação, pois, como vê, não é nada de mais nem perigosa, estando tão perto dos navios. Pode ter certeza de que realizaremos esta ação bem o suficiente e estaremos de volta dentro de uma hora.

O almirante respondeu:

— Não é muito perigosa, mas devem de todo modo ir bem armados para evitar o pior.[12]

E assim o almirante arregimentou 275 homens ingleses e franceses, sob o comando do capitão Edmund Barker, do capitão Barker de Plymouth, do vice-almirante do capitão Venner, capitão Addy, e de três capitães franceses, que partiram todos juntos. Tinham que marchar por um trecho estreito até o local para onde foram enviados, que era a parte mais larga entre o mar e a água no outro lado. Era um banco de areia entre o rio e o mar — uma pedra poderia ser atirada de um lado a outro —, portanto não precisavam temer um ataque pelas costas ou pelos lados e ninguém poderia passar na frente deles sem que passasse por todos os navios, o que significaria morte instantânea. Quando partiram, o almirante ordenou que não fossem além do ponto para onde os enviou, e então subiu a bordo dos navios e preparou a artilharia temendo o pior, sem saber o que iria acontecer, embora não cresse que fosse haver nada de perigoso. Assim marchamos em silêncio até o lugar para onde fomos mandados, que ficava logo ao lado dos navios. De lá dispararam uns doze tiros quando viram que nos aproximávamos, e fugiram correndo junto com os que estavam na dita trincheira. Quando chegamos lá, vimos que eles tinham começado a preparar uma rampa para colocar artilharia. Nosso almirante tinha ordenado que, se encontrássemos tal coisa, devíamos atear fogo às tábuas e voltar, o que poderíamos ter feito sem perder um fio de cabelo. Mas nossos comandantes não se contentaram em realizar a tarefa que lhes foi confiada, e queriam de todo modo e contra as ordens recebidas marchar mais adiante e lutar contra alguns pelotões que estavam a quase uma milha dali, fora do alcance da nossa artilharia e onde todos os da terra estavam aquartelados. Quando nossos homens começaram a se aproximar desses pelotões,[13] estes retrocederam com toda a pressa, e foram perseguidos por nossos homens com tal velocidade que uns correram muito à frente dos outros e nossa formação se dispersou, tendo os pelotões conseguido, nesse meio-tempo, se entrincheirar entre as demais pessoas da terra. Portanto, antes que se dessem conta, nossos melhores homens se viram no meio dos inimigos, e foram mortos antes que pudéssemos socorrê-los. Animados com isso, os inimigos passaram a se lançar sobre o resto dos nossos homens, que então começaram a retroceder, e os inimigos os perseguiram até chegarem ao alcance da artilharia dos navios, onde foram rechaçados e desistiram da perseguição. Nessa luta morreram o capitão Barker, capitão do *Salomon*, o capitão Cotton, tenente do almirante, o capitão Jean Noyer, o capitão francês de Dieppe, e outro capitão francês de La Rochelle; junto com o sr. John Barker e outros, somavam 35. Eram eles que estavam mais à frente e com mais ímpeto perseguiam os pelotões já mencionados, e pela sua impetuosidade morreram todos. Quando voltamos à vila, o almirante veio nos encontrar lamentando muito a morte de tantos homens valorosos, perguntando o que pretendíamos ao ignorar a ordem expressa que nos tinha dado. Com essa perda nossos homens ficaram muito amedrontados, mas o almirante voltou a animá-los, dizendo que na guerra às vezes se ganha e às vezes se perde. Com isso pediu que cada um se preparasse, pois naquela noite (se Deus quisesse) ele partiria, já que todos os nossos navios estavam carregados e prontos e ele não iria brincar com a sorte. Quando anoiteceu, os navios começaram a levantar âncora e sair do porto, e graças a Deus, pois Sua bondade para conosco nos enviou um bom vento para a partida, de modo que lá pelas onze horas da noite tínhamos todos zarpado em segurança. Quando o inimigo percebeu que partíamos, posicionou uma ou duas peças de artilharia e atirou contra nós no escuro, mas não nos atingiu. Éramos ao todo quinze embarcações, isto é: três urcas holandesas — uma de 450 toneladas, outra de 350 toneladas e a terceira de trezentas toneladas —, quatro embarcações francesas e um navio que o almirante deu ao capitão francês, três embarcações da frota do capitão Venner de Plymouth e quatro embarcações da frota do nosso almirante, todas carregadas de mercadoria, e mercadoria de grande valor. Ficamos naquele porto tratando desses negócios somente 31 dias, e durante esse tempo tivemos que nos ocupar com escaramuças e ataques do inimigo onze vezes, e em todas elas levamos a melhor, exceto na última. Louvado e honrado seja Deus por tudo isso.[14] Quando toda a frota já navegava em segurança, o almirante ordenou no dia seguinte de manhã que todos seguissem para Piraju,[15] um porto a cerca de quarenta léguas ao norte de Pernambuco, e lá fizessem aguada e permitissem que os homens se recuperassem. E, para providenciar o abastecimento, o almirante tinha enviado seis dias antes numa pequena pinaça dois franceses que ele tinha mandado vir de Dieppe antes de partir da Inglaterra com esse propósito, pois os dois falavam a língua dos índios com perfeição. Acontece que nesse porto de Piraju e num outro chamado Potaju, que fica umas seis léguas mais ao norte, os franceses mantêm comércio de pau-brasil e carregam seus navios com a ajuda dos índios, que trazem nas costas a madeira que recolhem a cerca de vinte léguas sertão adentro, e enchem três ou quatro navios todo ano. Assim todos navegamos para Piraju, aonde chegamos à noite, o que nos forçou a ficar vagando sob um vento tão forte que perdemos de vista a maior parte da nossa frota; como não conheciam bem aquela costa, lançaram-se ao mar aberto e seguiram direto para a

Inglaterra. A almiranta e umas quatro outras embarcações atracaram juntas no porto de Piraju, e lá conseguiram bastante água e mantimentos: galinhas, coelhos, lebres e batatas, entre outras coisas, que os dois franceses tinham conseguido antes que chegássemos. Esse é um atracadouro muito bom, onde os navios podem entrar e se abastecer muito bem. Mas, como fiquei sabendo desde que voltamos, os portugueses conquistaram e ocuparam o local, impedindo os franceses de manter seu comércio habitual. Depois que embarcamos água e mantimentos, lançamo-nos ao mar, seguindo o resto da nossa frota que já tinha partido. Dela não tivemos notícia alguma até que chegamos à costa sul da Inglaterra no mês de julho, onde soubemos que o resto dos nossos consortes tinha seguido para Londres, enquanto o capitão Venner e sua frota estavam em Plymouth, e os navios franceses tinham chegado em segurança a Dieppe, o que foi um grande alívio. Quando partimos da costa sul, encontramos os navios da rainha e então, conforme o hábito, os saudamos com alguns tiros. O artilheiro, sendo descuidado, como muitas vezes eles são com a sua própria pólvora, ao disparar alguns tiros de dentro da cabine de artilharia, ateou fogo a um barril de pólvora, que incendiou a cabine do artilheiro, explodiu a cabine do almirante, matando o artilheiro e dois outros na hora e ferindo outros vinte, dos quais quatro ou cinco morreram. Essa pólvora espalhou tanta fumaça no navio, que ninguém sabia o que fazer com o incêndio na cabine do artilheiro no meio de todas aquelas explosões. Mas, vencendo o próprio medo, os homens começaram a jogar água em abundância dentro da cabine (pois a essa altura os navios da rainha e outros navios que nos acompanhavam vieram logo em nosso auxílio) até que (louvado seja Deus) apagamos o fogo e salvamos tudo, e nenhum grande dano foi causado à mercadoria. Isso prova que nada no mundo é seguro: quando achávamos que estávamos fora de perigo, vimo-nos num apuro maior do que qualquer outro sofrido durante toda a viagem. Mas que Deus seja para sempre louvado, que nos salvou desse e de muitos outros perigos nessa viagem. Depois que o fogo foi todo apagado e embarcamos uma nova tripulação (graças a Deus), chegamos a Blackwall em segurança.

A viagem de Richard Hawkins em 1593

Cortesão e navegador, educado e dono de uma prosa culta, terceira geração de uma família de navegadores e mercadores ligados à Coroa inglesa, Richard Hawkins comandou uma longa e acidentada viagem à América do Sul, que culminou com sua prisão pelos espanhóis. Como resultado dessa aventura, publicou em 1622, em Londres, o livro The Observations of Sir Richard Hawkins in his Voyage into the South Sea Anno 1593. *O relato de viagem, numa versão abreviada e anotada, foi incluído na coletânea organizada por Samuel Purchas, em 1625. O trecho aqui traduzido, referente ao Brasil, segue a edição de* C. R. *Drinkwater Bethune, publicada por The Haklyut Society, em 1867.*

A narrativa de Hawkins é original no sentido em que relata meticulosamente a navegação e a viagem e, ainda, alarga-se em interessantes comentários sobre medicina, zoologia, etnologia, geografia, navegação, dialogando com as obras então intituladas "cosmografias", que elencavam diversos aspectos dos territórios e povos ao redor do globo.

OBSERVAÇÕES DE SIR RICHARD HAWKINS, CAVALHEIRO, EM SUA VIAGEM AO MAR DO SUL. ANNO DOMINI 1593

[...]
Quando estávamos entre dezenove e vinte graus ao sul do equador, o vento mudou de direção, o que, junto com a enfermidade de meus homens, me forçou a buscar a costa.[1] Então, lá pelo fim de outubro avistamos terra que, pelo cálculo de nossas coordenadas e pelo seu aspecto, revelou ser o porto de Santos, também conhecido como Nossa Senhora da Vitória,[2] que é facilmente identificável, pois há uma montanha muito alta próxima do porto que, por qualquer lado que se chegue, se projeta como um sino e, aproximando-se de terra, logo se vê uma torre ou forte branco que fica na ponta de um morro debruçado sobre o mar. Essa é a primeira terra que se deve contornar antes de entrar no porto. Ao chegarmos a duas léguas da costa, ancoramos; e, quando os capitães e mestres dos meus outros navios vieram a bordo, achou-se conveniente — considerando a fraqueza dos nossos homens, já que nos nossos três navios não tínhamos sequer 24 homens sãos, e sem saber quando o vento mudaria —, achamos que o melhor era tentar obter o que pudéssemos sem o uso de força e propor comércio à gente da costa e desse modo ver se conseguiríamos mantimentos para a nossa tripulação enferma.

Para tal, escrevi uma carta em latim ao governador, e juntamente com ela enviei um corte de veludo carmesim, uma medida de fino linho e vários outros presentes. Mandei-os pelo capitão do meu navio, que falava um pouco de espanhol, explicando ao governador que eu me dirigia às Índias Orientais para lá comerciar e que ventos contrários me trouxeram àquela costa; e também que, se fosse do seu agrado, eu poderia dar-lhes o que quisessem em troca dos produtos da terra que lá havia em abundância. Munido dessas instruções, meu capitão partiu mais ou menos às nove horas da manhã, empunhando na proa do bote uma bandeira branca, e levando consigo dezesseis homens bem armados e providos. Iam guiados por um membro da tripulação que dois anos antes fora para lá como capitão, e portanto era um piloto razoável.[3]

Um quarto de milha após a entrada do porto fica um pequeno povoado, e três léguas mais acima fica a vila principal, onde há dois fortes, um em cada lado do ancoradouro, entre os quais passam os navios que vão até ali para descarregar ou carregar mercadoria. No pequeno povoado há sempre uma guarnição de cem soldados, parte da qual fica ali e parte na torre branca no alto do morro, de onde são comandados.

Lá meu capitão foi bem recebido, e os da terra receberam sua mensagem e a carta, mandando-as imediatamente ao governador,[4] que estava a umas três léguas dali em outro lugar, ao menos foi o que nos disseram. Enquanto aguardavam a resposta, meu capitão e um outro conversaram com os soldados portugueses que estavam na praia, que, de acordo com o hábito da profissão — exceto quando são novatos[5] —, buscavam agradá-lo, e, vendo que queria somente laranjas e coisas básicas para suprir seu almirante, mandaram que as mulheres e crianças lhes trouxessem o que queriam, o que ele retribuiu com algumas moedas que eu lhe dera para esse propósito. E assim conseguiu uns duzentos ou trezentos limões e laranjas, e umas poucas galinhas.

Durante todo aquele dia e noite, e no dia seguinte até as nove horas, esperamos a volta do nosso bote. Como não vinha, comecei a suspeitar e, portanto, preparei da melhor forma que pude uma chalupa que eu tinha e o *Fancie*, mostrando força onde havia fraqueza e enfermidade, e assim zarpei para o porto. Nosso artilheiro se ofereceu para servir de piloto, pois já tinha lá estado alguns anos antes.

Assim, entramos no porto. Meu capitão, vendo-nos entrando na barra, aproximou-se no seu bote, o que foi para mim uma grande alegria, sobretudo ao vê-lo trazendo uma grande quantidade de laranjas e limões, que era do que mais precisávamos para aliviar nossa tripulação doente. Contou o que acontecera e que aguardavam uma resposta do governador para qualquer momento. Ancoramos bem em frente à vila e duas horas depois, através de uma bandeira branca que os da terra nos mostraram, entendemos que o mensageiro tinha voltado. Nosso barco foi receber a resposta do governador, que dizia que infelizmente não poderia satisfazer nossos intentos, embora fossem tão razoáveis e bons, pois, em virtude da guerra entre a Espanha e a Inglaterra, recebera ordem expressa do rei para não permitir, dentro da sua jurisdição, nenhum comércio com ingleses, e tampouco que desembarcassem ou se abastecessem dos mantimentos da terra. E, portanto, pedia desculpas e dizia que deveríamos tomar essa resposta como definitiva, e também nos pedia que partíssemos daquele porto dali a três dias, que afirmava nos conceder por conta de nossa maneira cortês de proceder.[6] Acrescentava ainda que, daquele momento em diante, se qualquer um de nós se aproximasse da costa, faria o possível para nos impedir e prejudicar. Diante dessa resposta decidimos partir, e começamos a nos preparar ainda antes que viesse o primeiro vento favorável, mas nenhum vento veio durante toda aquela noite, nem no dia seguinte. Passei todo esse tempo muito preocupado, pois sabia da nossa vulnerabilidade e o que poderiam fazer conosco se o soubessem. Quem adentra um porto inimigo precisa ter olhos argutos e ventos ao alcance da mão, especialmente onde o inimigo é forte e as marés poderosas. Pois, com maré alta ou baixa, a gente da costa pode atacar com fogo ou cortar os cabos, seja a nado, seja usando de outros estratagemas, uma prática comum em todos os países quentes. Esse tipo de coisa pode ser feito com balsas, canoas, barcos ou pinaças, para perturbar ou mesmo atacar, e, se tal tivesse sido feito contra nós, nossos navios teriam tido forçosamente que se render, pois só traziam homens doentes. No entanto, muitas vezes são só a reputação e o medo que protegem os navios, e não os homens que neles estão.

É por isso que um almirante previdente deve sempre calcular os perigos que corre antes de se colocar em locais como esses, de modo que sempre esteja preparado de antemão.

Em San Juan de Ulúa, na Nova Espanha, quando os espanhóis desonraram sua nação com aquele vergonhoso ato de perjúrio e quebra de confiança com meu pai, Sir John Hawkins — bem conhecido de todo o mundo[7] —, os espanhóis lançaram contra nós dois grandes navios em chamas, tencionando incendiar a almiranta de meu pai, o que ele impediu rebocando-os com seus botes para o lado oposto.

A Grande Armada Espanhola,[8] enviada para conquistar a Inglaterra em 1588, foi derrotada pelo mesmo expediente, pois ateamos fogo a seis ou sete navios (dos quais dois eram meus) e deixamo-los seguirem com a maré, o que forçou os espanhóis a cortar seus cabos e zarpar para o mar aberto em busca de outro caminho para a Espanha.[9] Isso fez com que grande parte de seus melhores navios e homens se perdesse ou perecesse.

Para que meus homens não desanimassem, despachei imediatamente meu bote somente com quatro homens e uma parte da comida, avisando-lhes que voltassem ao primeiro sinal de qualquer sopro de vento que pudéssemos aproveitar.

Na noite seguinte, com vento terral, zarpamos e avançamos, sondando o fundo com nossos botes e barcaças pelo caminho.

Na barra a maré-cheia não subia mais do que quatro pés de profundidade, e isso só acontecia uma vez a cada 24 horas, como em outros lugares das Índias Ocidentais. No mar aberto, perto da barra, não há mais do que dezessete ou dezoito pés de profundidade. A enseada segue na direção sudoeste. Quem se aproximar, deve navegar bem no meio da embocadura por um bom quarto de légua antes de se aproximar de terra, mantendo-se mais próximo do lado oeste, pois a leste fica um enorme recife cuja maior parte está submersa e às vezes não aparece. Mas com embarcações pequenas pode-se passar entre o recife e o pontal.

Quando retornamos aos navios, houve grande alegria em meio à tripulação, e muitos, ao verem as laranjas e os limões, já pareciam reanimados. Esse é um segredo maravilhoso do poder e sabedoria de Deus, que escondeu tanta virtude desconhecida nessas frutas para que fossem o melhor remédio contra essa doença.[10] Imediatamente ordenei que se dividissem todas as frutas entre os doentes, que eram tantos, que não sobraram mais do que três ou quatro para cada um. Mas foi a vontade de Deus enviar-nos um vento favorável no dia seguinte, o que tanto nos consolou, e ninguém morreu antes que chegássemos às ilhas onde pretendíamos nos reabastecer. Nossa água fresca já tinha acabado vários dias antes de avistarmos a costa, devido à longa viagem sem aportar em nenhum lugar e ao consumo aumentado por causa dos doentes, o que era inevitável. Contudo, com um expediente que inventei no meu navio, consegui extrair da água do mar suficiente água doce para suprir as necessidades dos meus homens sem gastar muito combustível: com quatro achas de madeira eu destilava uma pipa d'água e com ela temperava a comida para os doentes e os sãos. A água destilada dessa forma pareceu-nos salubre e nutritiva.

A costa de Santos[11] a Cabo Frio inclina-se a oeste e para o sul, portanto ajustamos nossa rota para oeste-sudoeste. Vindo a noite e as instruções tendo sido dadas aos outros navios, montamos guarda, já que vinham chegando novos ventos fortes. Tendo vigiado toda a noite anterior, eu e o mestre do meu navio resolvemos então dar à natureza aquilo de que a tínhamos privado,[12] e assim confiamos o leme a um dos seus imediatos. Mas ele, ainda sonolento da viagem, ou confiando demais em si mesmo ao leme, não usou da necessária atenção e vigilância. Assim, manejou o leme para oeste, e de oeste para o sul, e logo nos levou próximos demais da costa. Sem dúvida ele nos teria feito afundar se Deus não nos tivesse salvado de maneira extraordinária, pois o mestre que dormia profundamente acordou de repente e tão sobressaltado que nada o acalmava, então acordou o jovem, que costumava dormir na cabine com ele, e perguntou-lhe como tinha sido a vigília. Este respondeu que não devia fazer nem uma hora que tinha vindo se deitar. O mestre respondeu que seu coração estava tão aflito que não conseguia de modo algum voltar a dormir, e, vestindo o roupão, foi até o convés e logo viu terra muito próxima. Como a costa era plana e arenosa, aqueles que vigiavam, tiveram a vista ofuscada pelo reflexo das estrelas, já que era uma noite de céu limpo, e com isso não puderam perceber o que de fato acontecia. Entretanto, o mestre, saindo do escuro, vinha com a vista mais aguçada e pôde notar a diferença entre mar e terra. Então imediatamente mandou o timoneiro virar a estibordo e, enviesando nosso navio, conseguimos navegar de volta ao mar aberto; sondando, encontramos somente três braças d'água, assim vimos claramente a misericórdia de Deus: se Ele não tivesse cuidado de nós, como faz sempre com os Seus, sem dúvida teríamos perecido sem remédio. Que Deus tenha toda a glória e eterna devoção, para todo o sempre.

Imediatamente disparamos um tiro de canhão para avisar os outros navios, pois não trazíamos nenhum lume, já que navegávamos próximos a terra. Os outros tinham mantido seu curso e navegado para o mar aberto com o vento e a corrente, portanto não conseguiram ouvir nosso alerta e na manhã seguinte não havia sinal deles.

Quanto à pilotagem, os espanhóis e os portugueses superam todos que já vi, principalmente em relação à cautela, que é primordial em navegação. Gostaria que seguíssemos o seu exemplo nisso, como em todas as suas mostras de trabalho disciplinado; e também o exemplo de outras nações.

Em qualquer navio que se preze, coloca-se uma cadeira no meio-convés da qual o piloto ou seus ajudantes[13] (que são os mesmos tripulantes que nos nossos navios chamamos de mestre e contramestres) jamais se levantam, dia ou noite, e ficam sempre de olho na bússola. E tem sempre alguém com eles que observa o que fazem e testemunha a pilotagem boa ou má de qualquer homem que esteja ao leme. Nunca vi isso ser posto em prática nos nossos melhores navios, embora não haja nada tão importante a ser corrigido, pois um bom timoneiro bem pode distrair-se e confundir um ponto com outro, ou mesmo a bússola pode se desviar, o que será notado por outro homem. As consequências disso, qualquer marujo experiente pode facilmente imaginar, e portanto que isso siga de aviso, para que seja evitado.

No dia seguinte, mais ou menos às dez horas, ficamos presos no Cabo Branco,[14] que tem praia de areia plana e é perigoso, pois quatro léguas mar adentro, atravessados, ficam bancos de areia em água rasa. De repente nos achamos no meio deles, com menos de três braças de fundo, mas com o bote e a chalupa fomos sondando o fundo e acabamos nos livrando deles.

No dia seguinte achamos as ilhas onde tencionávamos nos reabastecer. São duas, e alguns as chamam de ilhas de São Thiago e outros de Santa Ana.[15] Ficam a 22 graus e meio ao sul do equador. Ao anoitecer (era 5 de novembro), ancoramos entre as ilhas e o continente, com seis braças de profundidade, e reencontramos nossos outros navios.

Estando todos bem ancorados, começamos a montar nossas tendas e barracas para os doentes, levá-los para a praia e usar de nossos melhores esforços para curá-los. Para isso nossos três cirurgiões, com seus criados e ajudantes, dispunham de dois botes só para eles, para buscar nos navios o que fosse preciso, para trazer mantimentos, e para pescar com rede ou anzol e linha. Tínhamos uma abundância desses implementos, o que nos servia para nos reabastecermos. Durante os primeiros dias, a maioria daqueles que estavam sãos se ocupou de consertar o navio — levando até a praia barris vazios, enchendo-os, derrubando árvores e cortando lenha —, o que avançava lentamente, sendo muito trabalho para poucos braços.

Perto dessas ilhas há dois grandes rochedos ou ilhotas adjacentes. Neles encontramos grande quantidade de gansos nos seus ninhos,[16] que reservamos para os doentes. Cozidos com carne de porco dessalgada e misturados com farinha de aveia, resultavam numa sopa razoável e eram bom alimento e sustento para eles. Desse alimento não carecemos até partir dali.

Num desses rochedos também encontramos grande quantidade de folhas de beldroega,[17] as quais, fervidas e servidas como salada com óleo e vinagre, apaziguavam o estômago dos doentes e abriam o apetite.

Com os ares da praia e bons cuidados, muitos se curaram rapidamente. Alguns morreram logo e outros ficaram na mesma. Encontramos lá alguma quantidade de fruta: um tipo de cereja que cresce numa árvore parecida com a ameixeira, de coloração vermelha, com um caroço, mas diferente das nossas cerejas, não totalmente redonda mas em gomos; seu gosto é agradável.[18]

Numa das ilhas encontramos palmiteiros grandes e altos, e no topo uma fruta parecida com coco mas do tamanho de uma noz. Também encontramos uma fruta que dava nas árvores em vagens, e tanto as vagens como os grãos da fruta se pareciam com feijões. Alguns da tripulação provaram-na, o que lhes provocou vômitos e diarreia, como pode causar qualquer remédio que se apanhe na farmácia dependendo da quantidade que se tome. Ela tem uma casca igual à dos nossos feijões, que, quando retirada, o grão se parte ao meio e dentro há uma casca fina, como de cebola, que dizem fazer mal e causar muito vômito, e portanto deve ser descartada.

Monardes,[19] ao escrever sobre a natureza e as propriedades dessa fruta, assim como de outras das Índias, pois ela igualmente é encontrada em outros lugares, chamou-a de *"kavas purgativas"*, e disse que se deve prepará-la primeiro descascando-a, depois descartando a casca de dentro, em seguida triturando até virar pó, para ser tomada na quantidade de cinco ou seis, com vinho ou açúcar. Dessa forma, é boa contra febre, para purgar grandes humores, contra cólica e dor nas juntas, e, ao tomá-la, a pessoa não deve dormir, mas seguir sua dieta normal, como num dia de purgação.[20]

Outra fruta que encontramos, de gosto muito agradável, parecia uma alcachofra, mas era menor. Por fora era vermelha, por dentro branca, e coberta de espinhos. Nossos homens a chamam de peras de espinho.[21] Não há melhor conserva. Crescem nas folhas de certa raiz, que parece aquela que chamamos *semper viva* e que muitos gostam de pendurar dentro de casa, mas as folhas são mais compridas e estreitas, e cheias de espinhos nos dois lados. A fruta cresce no canto da folha, e é uma das melhores frutas que já comi nas Índias. Quando amadurece, logo os pássaros ou insetos vêm comer dela, o que é uma regra geral para se saber qual fruta é sadia e boa nas Índias e em outros lugares. Se os bichos e as aves comem delas, também o homem pode ousar comer.

A água nessas ilhas não é boa. Numa das ilhas há um poço de água parada cheio de vermes venenosos e cobras, que fica bem perto da praia. Lá encontramos uma enorme árvore caída, e na raiz havia nomes de vários portugueses, franceses e outros, e, entre eles, o nome de Abraham Cocke,[22] escrito quando estiveram nessa ilha.

Na outra ilha, embora a água seja corrente, como passa pelas raízes de certas árvores que têm um cheiro de alho, a água fica um tanto empesteada. Lá, dois de nossos homens morreram de inchaço no estômago. Não pudemos atribuir esse acidente a nada além da água suspeita. Como é apenas um fio d'água, que cai na areia e corre por ela até o mar, fizemos uma calha com a ajuda de um caniço, colocando-o sob a pedra de onde caía a água, e assim enchemos nosso barril. Mas não conseguíamos juntar mais do que duas toneladas em um dia e uma noite.

Então, quando nossos homens começaram a recuperar as forças, equipamos nossos botes e fomos até a costa, onde logo encontramos um grande rio de água doce e fresca, e uma terra toda pantanosa que no inverno parece permanentemente inundada por esse rio e por outros, que descem das montanhas ali perto.²³

Remamos algumas léguas rio acima e percebemos que, quanto mais subíamos, mais fundo o rio ia ficando, mas nada mais ganhamos pelo trabalho duro, salvo o suor do nosso corpo.

Quando voltamos, abastecemos nosso bote de água e depois disso partimos dali providos.

Como a doença tinha consumido mais da metade dos meus homens, decidimos retirar todos os víveres do *Hawke* e queimá-lo, o que fizemos. Enquanto nos ocupávamos disso, vimos um navio virando a barlavento e buscando o abrigo das ilhas, mas, quando nos avistou, navegou de volta para o mar aberto.

Dois dias depois o vento mudou e o vimos novamente navegando ao longo da costa. Já que o *Daintie* por vários motivos não seria capaz de segui-lo, preparamos o *Fancie* para ir atrás dele. Conseguiram alcançá-lo quando o sol ia se pondo, e nossos homens puderam falar com a tripulação. Quando descobriram tratar-se de um grande bergantim de ao menos trezentas ou quatrocentas toneladas, com dezoito peças de artilharia, decidiram voltar, mas foram pegos a sota-vento e tiveram que se socorrer junto à costa. Avistaram então outra embarcação pequena que apresaram depois de curta perseguição, mas esta não carregava nada de valioso, pois, como tinha encalhado nos grandes recifes de Abrolhos a dezoito graus, seus homens tinham tido que desfazer-se de tudo o que traziam a bordo para se salvarem.

Esta e a outra perseguição foram o motivo de o *Fancie* não retornar durante vários dias. Mas, antes que estivéssemos prontos para partir, o vento mudou e ele voltou, contando-nos tudo o que tinha acontecido, e como tinham deixado os portugueses ficarem com seu barco e trazido consigo somente o piloto e um mercador chamado Pedro de Escalante, de Potosí.[24]

Nessa costa os portugueses, graças ao trabalho dos índios, realizaram muitos feitos. Em Cabo Frio capturaram um navio francês durante a noite enquanto a maior parte da tripulação estava em terra. Usaram canoas, que nessa costa são tão imensas que uma só delas pode carregar de setenta a oitenta homens. E na ilha Grande vi uma que tinha mais de sessenta pés de comprimento, feita de uma única árvore, como todas as que vi no Brasil, carregando provisão para vinte ou trinta dias. Na ilha de São Sebastião, perto de São Vicente, os índios mataram cerca de oitenta dos homens do capitão Cavendish, e levaram seu bote, o que foi a derrocada da sua viagem.[25]

Não há navio que se aproxime dessa costa sem que essas canoas imediatamente deem o alarme em toda parte. Isso pudemos confirmar na ilha Grande, para onde enviaram um índio do Rio de Janeiro para nos espionar, através de todas as montanhas e mangues, o qual prontamente avisou sobre nossos navios, botes e o número de homens que trazíamos. Mas, para evitar corrermos esse risco por negligência ou descuido, decidi uma noite, no auge da escuridão e do silêncio, verificar que vigilância nossos homens mantinham em terra: equipei nossa chalupa e o bote, armei-os com arcos e escudos, e atraquei-os a uma boa distância de onde estava nosso acampamento, tentando chegar até lá sem ser visto. Todos tentamos ao máximo pegá-los de surpresa, mas, a uns quarenta passos de distância, acabamos sendo descobertos. Os sãos e os doentes vieram nos enfrentar. Quando percebemos, soltamos uns gritos como os dos índios e atacamos, e eles a nós. Como a noite estava escura, não conseguiam nos reconhecer no meio daquela algazarra.

O artilheiro do nosso navio disparou um tiro de canhão sobre nossas cabeças, seguindo a ordem que eu lhe tinha dado, e assim usamos da ocasião para voltar para nossos botes e dali a pouco voltamos até o acampamento e atracadouro, como se tivéssemos vindo dos navios para socorrê-los. Começaram a nos contar como na ponta oeste da ilha, vindos em algumas canoas, desembarcaram milhares de índios que nos atacaram com grande tumulto e investiram violentamente contra eles, mas, encontrando maior resistência do que o esperado e vendo-se descobertos pelos nossos navios, fugiram e voltaram para suas canoas, onde embarcaram e partiram. Um disse que viu as canoas, outro disse que viu seus cabelos compridos, um terceiro, seus arcos, um quarto, que não podia ser, mas que alguns deles tinham tido o que mereceram. E dava gosto de ver aqueles que tinham passado meses sem conseguir levantar da cama sem a ajuda de outros, indo parar no meio da floresta, outros subindo no topo das árvores, e aqueles que tinham alguma energia se juntarem para defender a própria vida. Enfim, o acampamento tinha ficado vazio.

Para melhor disfarçar nossa história, depois de passarmos algumas horas procurando reunir nossos homens e acalmá-los, animá-los e elogiá-los, deixei-os numa vigilância extraordinária naquela noite e voltei para os navios. Ficaram tão convencidos do ataque dos índios que durante toda a viagem foi impossível persuadi-los do contrário. Essa impressão produziu tal efeito na maior parte dos meus homens que, em todos os locais onde índios pudessem nos importunar, eles se portavam com o maior cuidado e vigilância, conforme era necessário.

Nessas ilhas a maré sobe e desce uns cinco ou seis pés uma vez a cada 22 horas, como em toda essa costa e em muitos lugares das Índias Ocidentais, bem como na costa do Peru e do Chile, exceto onde há grandes baías ou enseadas, onde as marés mantêm sua frequência habitual de duas a cada 24 horas.

Na menor dessas ilhas há uma gruta retirada onde se pode entrar com uma pequena embarcação e amarrar os cabos nas árvores dos dois lados. Chamamos esta de ilha dos Palmitos pela abundância que tem dos palmitais maiores, enquanto a outra não tem nenhum. Pode-se navegar entre as ilhas, mas o melhor curso é contorná-las.

Nessas ilhas há muitos escorpiões, cobras e víboras, além de outros vermes venenosos. Há papagaios e um tipo de ave parecida com faisão, mas maior e parece ser da mesma espécie. Ficamos lá mais de um mês, cuidando dos doentes, reabastecendo-nos de madeira e água, e realizando outras obras necessárias. No dia 10 de dezembro, com tudo em ordem, zarpamos para Cabo Frio, levando somente seis doentes, e nossa intenção era lá deixar os dois prisioneiros que mencionei anteriormente. Ancoramos logo abaixo do cabo e mandamos nosso bote até a praia, mas, como não conseguissem achar nenhum ponto conveniente para desembarcá-los, retornaram. O vento soprava de sul, e não era favorável para seguirmos viagem, então buscamos refúgio na ilha Grande, que fica umas doze ou catorze léguas do cabo, para o sul e na direção oeste-sudoeste, para desembarcarmos nossos prisioneiros.[26]

A meio caminho entre o cabo e essa ilha fica o Rio de Janeiro, um porto excelente, fortificado com uma guarnição, e um lugar bem povoado. A ilha Grande tem a extensão de oito ou dez léguas e proporciona bom ancoradouro para navios. É cheia de grandes enseadas de areia e na maior parte delas há bastante quantidade de água doce. Ao redor dessa ilha há muitas ilhotas, formando vários canais e enseadas, e entre elas há uma que, dada a sua localização agradável e terreno fértil, é chamada Placentia.[27] Lá mora gente; as outras todas são desertas. Nessa ilha nossos prisioneiros quiseram desembarcar e prometeram enviar-nos alguns víveres. Aceitamos e mandamo-los até a praia, em dois botes bem equipados e armados, onde encontraram poucos habitantes na ilha, pois nossos homens não viram mais do que quatro ou cinco casas, mas mesmo assim os botes retornaram carregados de bananas, abacaxis,[28] batatas, cana-de-açúcar e algumas galinhas. No meio disso tudo trouxeram um tipo de banana pequena, verde e redonda, que foi a mais gostosa que já vi.

Junto com nossos homens veio um português que disse que a ilha lhe pertencia. Ele parecia um mestiço,[29] que são aqueles de sangue espanhol e indígena, e fazia uma figura pobremente vestida e miserável. Nós o recebemos com um banquete e lhe demos algumas quinquilharias, e ele, de acordo com suas possibilidades, nos retribuiu a gentileza com o que tinha.

Como o vento continuasse contrário, despejamos toda a água que possuíamos, abastecida na ilha de São Thiago,[30] e enchemos nossos barris com água da ilha Grande. Essa ilha é uma selva, toda coberta de árvores e mato tão cerrado que não se acha passagem, a não ser que um homem a abra com suas próprias mãos. E era estranho ouvir os ruídos e uivos de animais selvagens nessas matas dia e noite, sem que os conseguíssemos de modo algum ver: alguns pareciam ruídos de leões, outros de ursos, outros de porcos, e eram tantos e tão diversos que era de se admirar.

Aqui, nossas redes de pesca nos foram muito úteis, pois nas baías arenosas, com elas, apanhamos muito peixe. Na praia, na maré alta, encontramos em muitos lugares umas conchas, parecidas com madrepérolas, que costumam ser trazidas das Índias para servirem de cálices e são chamadas *caracoles*; eram tão curiosas que quem as via não se cansava de admirar o seu Criador, e não fosse serem tão frágeis, pois são incrivelmente finas, seriam muito mais estimadas que as outras, pois nunca vi conchas de tal requinte.

No dia 18 de dezembro zarpamos, o vento a norte-leste, e dirigimos nossa rota para o estreito de Magalhães. No dia 22 desse mês, quando o sol já ia se pondo, avistamos um navio português, nos pusemos a persegui-lo e, quando nos aproximamos, rendeu-se sem oferecer resistência. Tinha cem toneladas e ia para Angola buscar um carregamento de negros para serem levados e vendidos no Rio da Prata. É um comércio muito lucrativo e praticado, pois os negros são levados da boca do Rio da Prata para Potosí para trabalhar nas minas. Lá, só um negro muito ruim vale menos que quinhentas ou seiscentas moedas, cada moeda de dez reais, que são pagas em reais de prata, pois não há outro tipo de mercadoria naquelas regiões. Disseram-me que recentemente descobriram o uso e o comércio da cochonilha,[31] mas o rio não comporta embarcações de carga, pois, se afundarem mais de oito ou sete pés, não conseguem passar da foz, e a primeira aldeia fica a mais de 120 léguas rio acima, e dali muitos barcos leves fazem comércio uma vez por ano levando todo tipo de mercadoria para vender em Potosí e no Paraguai. O lucro daí advindo é então distribuído pela costa do Brasil.

Esse navio vinha carregado de farinha de mandioca, que os portugueses chamam de farinha de pau. Serve como mercadoria de troca em Angola, como comida para os portugueses nos navios e para alimentar os negros que levam para o Rio da Prata. Essa farinha é feita de certa raiz que os índios chamam de *yuca*,[32] muito parecida com batata. Há dela dois tipos: o tipo doce e bom de comer (assado ou ensopado) como batata, e o outro, do qual fazem pão, é chamado cassavi;[33] este último é mortalmente venenoso se o sumo ou suco não for completamente extraído. Mas, quando preparado, é o pão do Brasil e de muitos lugares nas Índias, que eles fazem da seguinte forma: primeiro aparam a raiz e ralam-na o mais miúdo que conseguem numa pedra áspera e, depois que está assim ralada bem fina, colocam numa bolsa ou saco e, apertando com toda a força entre duas pedras, espremem todo o suco ou veneno. Depois deixam numa bolsa até que não sobre nenhum suco ou líquido. Dessa farinha fazem dois tipos de pão, um mais fino e outro mais áspero, mas os assam da mesma forma. Colocam uma grande pedra lisa sobre outras quatro que servem de apoio e acendem um fogo vivo por baixo, espalhando a farinha num espaço de um pé de comprimento por meio pé de largura. Para dar consistência, salpicam de vez em quando um pouco d'água, e em seguida colocam mais uma camada de farinha, e mais uma salpicada, até que esteja do seu gosto. O pão que é para ser consumido imediatamente tem a grossura de um dedo, às vezes mais, ao passo que o pão feito para armazenar tem a metade da grossura de um dedo mas é tão duro que, se cair no chão, dificilmente se parte. Logo depois de assado é razoavelmente bom, mas depois de alguns dias não se pode comer, exceto se for umedecido. Em alguns lugares eles deixam a farinha fermentar antes de fazer o pão, e consideram-na uma iguaria, dizendo que é mais saborosa. Essa, porém, não é a minha opinião. Em outros lugares misturam-na com uma fruta chamada *agnanape*,[34] que é redonda, e quando madura é cinza e do tamanho de uma avelã, e cresce em vagens como ervilhas, mas é um processo curioso: primeiro a partem numa pedra e depois a moem até virar pó, então a misturam na farinha fina de mandioca e fazem pão, são esses os seus bolos doces, que eles chamam *xauxaw*.[35]

As *agnanapes* são agradáveis e dão uma coloração amarelada ao pão, além de um sabor aromático. Quanto mais macio o pão, se for bem assado, mais tempo se conserva, até três ou quatro anos. No Brasil, desde que os portugueses ensinaram os índios a usar açúcar, eles comem essa farinha misturada com restos de açúcar, ou melaço, e é assim que os portugueses comem dela.

Mas descobrimos uma maneira melhor de preparar essa farinha, fazendo panquecas e fritando-as com manteiga ou óleo, e às vezes com banha de porco;[36] polvilhando um pouco de açúcar sobre elas, era o alimento que nossos homens no navio desejavam acima de qualquer outro.

Os índios também costumam fazer bebidas com essa farinha, de três maneiras diferentes.

A primeira é mastigando a raiz e depois a misturando com água, que é uma maneira repugnante, mas essa é a bebida mais comum que têm, e a que mais apreciam é aquela mastigada por uma anciã.

A segunda maneira é assando a raiz até que fique meio queimada, então a transformam em pó e, quando querem beber, misturam uma pequena quantidade do pó na água, o que lhe dá um gosto razoavelmente bom.

A terceira, e melhor maneira, é assando a raiz, como já foi dito, e, transformada em pó, fervê-la em água. Depois de bem fervida, deixam-na descansar por três ou quatro dias, e então a bebem. Fica dessa forma muito parecida com a cerveja que se toma na Inglaterra, e da mesma cor e sabor.

Os índios têm uma maneira muito curiosa de plantar e cultivar essa *yuca*. É um pequeno arbusto com galhos parecidos com os da avelaneira. Quando estão do tamanho de um dedo, eles os partem ao meio e os espetam no chão. Nada mais é necessário, pois de cada galho crescem duas, três ou quatro raízes, algumas maiores, outras menores. Mas primeiro eles queimam e adubam o solo, em cujo trabalho, bem como em qualquer outra coisa que for necessária, os homens não mexem nem um dedo. Tudo recai sobre as pobres mulheres, que são piores que escravas, pois trabalham a terra, plantam, cavam e colhem; são elas que assam, fazem as bebidas, preparam a comida, buscam-lhes água e fazem todo e qualquer serviço. Sim, ainda que estejam amamentando não ficam isentas de nenhum trabalho. Carregam os filhos num pano amarrado no pescoço, em geral sob um dos braços, para que possam mamar quando quiserem.

Os homens só se preocupam com suas canoas, para ir de um lugar a outro, e com seus arcos e flechas para caçar, e com sua arma de guerra, que é uma espada de madeira pesada e escura com uns quatro dedos de largura, uma polegada de grossura e uma vara de comprimento, ligeiramente mais larga na ponta do que no punho. Chamam-na de *macana*, e é toda trabalhada e entalhada com detalhes muito curiosos, mas a ponta não é afiada. Se alguém caça algum bicho, não o traz de volta, mas quebra um galho de uma árvore próxima (pois as árvores nas Índias têm folhas durante a maior parte do ano), do qual finca pequenos pedaços pelo caminho, aqui e ali, e, chegando em casa, dá um pedaço para sua mulher e a manda ir buscar a caça.

Quando vão para a guerra ou em qualquer viagem em que precisem levar comida ou pertences, as mulheres é que servem para carregar tudo, e os homens nunca as ajudam nem revezam com elas. Na minha opinião, nisso mostram maior barbárie do que em qualquer outra coisa que pude observar entre eles, exceto em se comerem uns aos outros.

No Brasil e nas Índias Ocidentais, um índio pode ter tantas mulheres quantas conseguir obter, seja comprando-as ou ganhando-as de seus amigos. Homens e mulheres na maior parte andam nus, e aqueles que vêm a sentir vergonha cobrem suas partes íntimas com um pedaço de pano, deixando o resto do corpo nu. Suas casas parecem grandes celeiros, cobertos ou forrados com folhas de bananeira que vão até o chão, e em cada ponta há uma porta.

Numa só casa há às vezes dez ou vinte famílias. Mantêm uns poucos utensílios ao lado das camas, que eles chamam *hamacas*,[37] e que são feitas de algodão e tingidas de várias cores e padrões. Vi algumas brancas, muito elaboradas. Parecem um pano com um nó em cada ponta, e em cada ponta há longas alças que amarram em duas estacas, à altura da cintura, e assim sentam-se nelas e ficam se balançando. Usam-nas às vezes para sentar e às vezes para dormir, dependendo da vontade. Vi numas delas dormir o homem, sua mulher e uma criança.

Tiramos do navio apresado uma boa quantidade dessa farinha para nossa provisão, e o açúcar que trazia, que não passava de três ou quatro caixotes. Depois de três dias devolvemos o navio para os portugueses e libertamo-los. Nele viajava um cavalheiro português que seguia como governador de Angola, do hábito de Cristo, com cinquenta soldados e armas para 150, e com ele iam sua mulher e sua filha. Ele era idoso e reclamava que, depois de muitos anos de serviços à Coroa, passando por muitas desventuras, se via naquela situação miserável, e que, para manter sua mulher, sua filha e a si mesmo, tinha somente o que trazia no navio. Fiquei compadecido, de modo que nada seu foi tirado, o que, embora para nós não significasse muito, em Angola valeria umas boas coroas. Apenas os desarmamos todos e os deixamos partir, dizendo que deveriam retornar para São Vicente.

Seguimos em nossa rota para os estreitos, meus homens tão animados com esses alimentos inesperados, que agradeceram a Deus pela generosidade, providência e graça a nós concedida. Aqui não seria fora de propósito dizer algumas palavras sobre as particularidades da terra.

O Brasil fica naquela parte da América localizada na costa do Atlântico, desde o rio das Amazonas, perto do equador ao norte, até se chegar ao Rio da Prata, a 36 graus ao sul da linha.

Na sua maior parte essa costa corre para sudoeste; é uma terra temperada, embora em alguns lugares seja quente demais; é ótima para socorro de navios, cheia de rios e água fresca. Os principais povoados são: Pernambuco, a Bahia de Todos os Santos, Nossa Senhora da Vitória, também chamada de Santos, o Rio de Janeiro, São Vicente e Placentia, e todos têm bons atracadouros. Os ventos são variáveis, mas na maior parte sopram numa mesma direção ao longo da costa.

As mercadorias que essa terra produz são a madeira chamada brasil (assim chamada porque é usada para tinta de cores vivas) — a melhor é aquela de Pernambuco —, bom algodão, grande quantidade de açúcar, bálsamo e âmbar líquido.

Carecem de todo tipo de pano, linho e lã, de ferro e ferramentas cortantes, de cobre e, principalmente em alguns lugares, de cera, vinho, óleo, farinha (pois nessa terra não há grãos), e todo tipo de artigos de costura, para os índios.

Os animais naturais dessa terra são tigres, leões,[38] porcos, cães, veados, macacos, micos e coelhos (parecidos com ratos, mas maiores e de coloração amarronzada), tatus, lagartos e uma quantidade de vermes e cobras venenosas, como escorpiões e uma cobra venenosa que eles chamam *vinoras*.[39] Destas há um tipo que a Divina Providência criou com um chocalho na cabeça, de modo que, quando se locomove, é possível escutar o som e assim evitá-la, pois sua picada não tem cura.[40] Chamam-na de víbora com o chocalho;[41] há muitas delas e grande quantidade de cobras de um tamanho tal que mesmo uma escrita fiel à verdade pareceria fábula.

Há outro verme nessa terra que matou muitos dos primeiros habitantes, antes que Deus revelasse sua cura a um religioso. É como uma larva, porém mais fina e comprida, e de cor verde, com a cabeça vermelha. Esse verme entra pelas partes traseiras, por onde evacuamos o que nos é supérfluo, e ali, por assim dizer, cola-se ao estômago, alimentando-se do sangue e dos humores, e cresce tanto que bloqueia a passagem natural, emperrando a engrenagem principal do relógio do nosso corpo, reduzindo as horas de vida com a dor e o sofrimento mais cruéis que só aquele que se vê punido com essa cólica pode rapidamente entender ou explicar. A cura contra esse verme pernicioso é o alho; e isso foi ensinado por um médico para um religioso.[42]

Entre 26 e 27 graus há uma ilha próxima à costa; os portugueses chamam-na de Santa Catarina. É um porto razoável, e tem bom estoque de madeira, água e frutas. É deserta e serve àqueles que vão do Brasil até o Rio da Prata para fazer comércio, ou do Rio [da Prata] para o Brasil, sendo útil como abrigo ou ponto de reabastecimento.

[...]

MERCADORES

Um rei selvagem no Palácio Real

A breve notícia sobre as viagens de William Hawkins à colônia portuguesa na década de 1530 abre a seção a respeito do Brasil na coletânea editada por Richard Hakluyt em 1589. É uma das primeiras narrativas sobre as navegações inglesas ao Brasil no início do século XVI. Numa anedota típica desse gênero de relatos, conta-se como um cacique é levado para a Inglaterra e a sua recepção na corte de Henrique VIII.

A presente tradução segue a segunda edição da notícia, intitulada "A briefe relation of the two sundry voyages made by the worshipful M. William Hawkins of Plymmouth, father to Sir John Hawkins knight, late treasurer of her maiesties navie, in the yeere 1530 and 1532", publicada por Hakluyt em Londres, em 1600. Provavelmente o próprio Hakluyt escreveu a notícia, baseando-se em depoimentos orais por ele recolhidos.

BREVE NOTÍCIA DE DUAS VIAGENS DISTINTAS FEITAS PELO VENERÁVEL SR. WILLIAM HAWKINS DE PLYMOUTH, PAI DE SIR JOHN HAWKINS, CAVALEIRO, ANTIGO TESOUREIRO DA MARINHA DE SUA MAJESTADE, NOS ANOS DE 1530 E 1532

O velho sr. William Hawkins de Plymouth, homem muito estimado por sua sabedoria, valor, experiência e habilidade em assuntos do mar e mui querido do rei Henrique VIII,[1] era nessa época um dos principais comandantes navais da costa oeste da Inglaterra. Estando insatisfeito com as curtas viagens que costumavam ser feitas apenas até as costas conhecidas da Europa, equipou uma grande nau que lhe pertencia de 250 toneladas chamada *Paul of Plymouth*,[2] na qual fez três longas e famosas viagens à costa do Brasil, coisa então muito rara, especialmente na Inglaterra. Nessas viagens alcançou o rio de Sestos na costa da Guiné,[3] onde fez comércio com os negros e deles obteve dentes de elefante e outras mercadorias que aquela terra oferecia. Assim, chegando à costa do Brasil,[4] portou-se com tal discrição e habilidade com aqueles selvagens que conquistou grande familiaridade e amizade entre eles. Tanto que, na sua segunda viagem, um dos reis selvagens da terra do Brasil desejou viajar com ele e ser trazido até a Inglaterra, o que o sr. Hawkins aceitou, deixando para trás, em terra, um certo Martin Cockeram de Plymouth como garantia de que traria o rei de volta em segurança. Quando esse rei brasileiro chegou, foi trazido a Londres e apresentado a Henrique VIII, que na ocasião se hospedava em Whitehall.[5] Ao vê-lo, o rei e toda a nobreza ficaram muito espantados, e não sem razão, porque este tinha furos no rosto feitos à moda dos selvagens, onde haviam sido enfiados pequenos ossos que saíam uma polegada para fora, coisa que na sua terra era considerada sinal de grande bravura. Ele tinha também outro furo no lábio inferior onde havia sido colocada uma pedra preciosa do tamanho de uma ervilha. Toda essa aparência, comportamento e gestos eram muito estranhos para quem os via.

Tendo já se passado quase um ano inteiro e tendo o rei se comprazido plenamente em admirá-lo, o sr. Hawkins preparou-se para levá-lo de volta à sua terra, conforme havia prometido e acordado. Mas aconteceu que, no caminho, dada a mudança de ares e de alimentação, o dito rei selvagem morreu em pleno mar, o que fez com que temessem pela vida de Martin Cockeram, que era a sua garantia. Apesar disso, os selvagens ficaram inteiramente convencidos de que o seu príncipe tinha sido dignamente tratado por nossos homens e nos devolveram o dito refém, sem causarem mal algum a ele ou a nenhum dos nossos homens. Assim trouxeram seu refém de volta para a Inglaterra em seu navio carregado e abastecido com as mercadorias da terra.

Expedição à Terra Canibales

O relato aqui publicado é um trecho do depoimento do agente comercial John Wardall, em 13 de novembro de 1540, em Londres, diante da Corte do Almirantado, que então inquiria os integrantes da viagem do navio Barbara of London *ao Brasil. O depoimento de Wardall, bem como os de outros quatro tripulantes acusados de pirataria, fazia parte dos preparativos para a instauração do processo, realizado a pedido de autoridades espanholas. O documento foi publicado por* R. G. *Marsden em 1912, e também em* A Documentary Story of Brazil, *editado por E. Bradford Burns, em 1966, base da presente tradução.*

O Barbara *portava uma comissão que estipulava: "Não devem roubar, mas sim seguir as maneiras de homens honestos". Levava mercadorias e tinha o propósito de alcançar Pernambuco e negociar pau-brasil. Na viagem de volta à Inglaterra, apresou uma nau espanhola no Caribe, fato que causou o processo e o depoimento em que Wardall relata a empreitada marítima. Num determinado momento da viagem, aportam na região conhecida como Callybalde ou Kennyballes, no norte da colônia portuguesa.*

Mapa do piloto normando Jacques de Vaulx (1583) (detalhe), indicando a região conhecida como Canibales

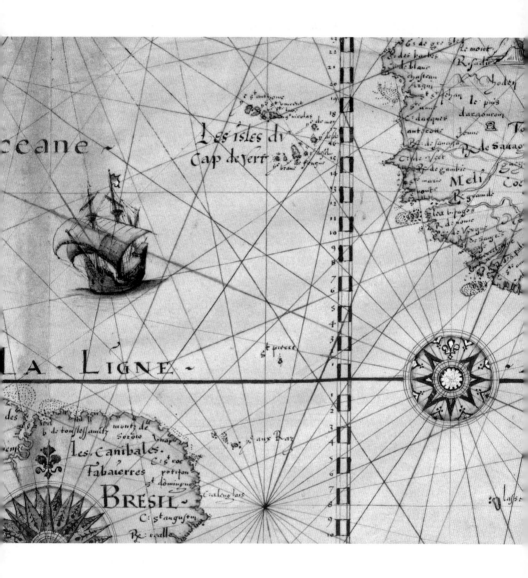

A VIAGEM DO *BARBARA OF LONDON* AO BRASIL EM 1540

No dia de são Filipe e são Tiago[1] pela manhã demos com uma ilha,[2] fomos até lá com o bote, mas não encontramos nem homens nem crianças, somente pássaros, animais selvagens, e algodão e pimenta que lá cresciam. Ali passamos todo aquele dia e à noite voltamos com o bote a bordo, e imediatamente zarpamos e navegamos de lá até a terra do Brasil,[3] aonde viemos dar quatro dias depois. Isso feito, ancoramos, e nosso piloto junto com nosso intérprete desembarcaram para ter notícias da terra, e voltaram imediatamente a bordo e nos contaram o que viram.[4] Lá não havia pau-brasil, pois tínhamos ido parar quarenta léguas a sota-vento do lugar onde cresce pau-brasil[5] e a gente da terra disse que não o traria para nós de tão longe. Então, depois de dizerem isso, falaram que não tinha remédio, que teríamos de ir até lá com o nosso navio. E, enquanto nos encaminhávamos para lá,[6] batemos com o navio nas rochas e quase que já o íamos perdendo, de modo que, quando conseguimos soltá-lo, ia fazendo muita água, e o piloto disse que não era possível seguir naquela direção com o nosso navio, o caminho era muito perigoso e, portanto, o navio devia permanecer onde estava e devíamos enviar nosso bote e nossa barcaça com a nossa mercadoria, pois estes não fazem muita água e são leves, e com isso são mais úteis para transportar nossa carga. Isso feito, partiram e só voltaram doze dias depois, sendo que por pouco não se perderam tanto o bote como a barcaça. A gente da terra nos disse que não era possível conseguir o pau-brasil de lá porque estávamos muito longe a sota-vento. Então nosso piloto disse:

— Ficar aqui consumindo nossos víveres é uma loucura e um prejuízo. Há um local a sota-vento daqui que se chama Callybalde,[7] que conheço muito bem, e que fica a cem léguas daqui. Para lá seguirei e lá conseguiremos o nosso carregamento de algodão e animais em pouco tempo.

Então para lá seguimos, onde ancoramos, e o piloto com o intérprete desembarcaram e conversaram com a gente dali, e, feito isso, voltaram a bordo e disseram que estavam felizes com a nossa vinda e nos prometeram trocar suas mercadorias pelas nossas de bom grado, conforme nos disse nosso intérprete. Isso feito, nosso mestre junto com o capitão e o piloto ordenaram que fôssemos para terra e lá construíssemos uma casa. E, seguindo essa ordem, foi isso que fizemos, descarregamos a mercadoria e negociamos com os índios em troca de algodão. Ficamos lá por doze dias e embarcamos algum algodão em troca das nossas mercadorias. E, quando estávamos lá, um português e um francês,[8] acompanhados de outra gente da região, chegaram por terra e nos perguntaram de onde vínhamos. Respondemos que da Inglaterra, e eles nos perguntaram por que tínhamos nos aventurado até ali. Respondemos que tínhamos vindo pelo comércio de mercadorias, como eles próprios e outros costumam fazer conosco etc. Então ele[9] nos ordenou em nome do seu rei que fôssemos embora dali, e que não nos demorássemos mais ou acabaríamos pagando por isso. Então respondemos que não partiríamos dali, não importava o que ele fizesse contra nós. Ao ouvir essa resposta, ele partiu furioso e disse que nos arrependeríamos de termos agido com tanta ousadia, não aceitando suas ordens, e foi-se embora. Entretanto, continuamos nossos negócios com a gente da terra. Então na noite seguinte, mais ou menos à meia-noite, o mesmo francês que tinha vindo antes com o português, dessa vez acompanhado de um homem da terra que o português tinha enviado com ele, veio por mar com o intuito de cortar nosso cabo e assim fazer com que o navio se despedaçasse nas rochas. Mas, como estávamos vigilantes, percebemos a intenção do dito francês e do outro, prendemo-los e mantivemo-los até o dia seguinte de manhã. Nosso capitão interrogou-os, perguntando por que tinham vindo, eles disseram que tinham vindo comprar algumas de nossas mercadorias. Então dissemos ao francês que o castigaríamos se não nos contasse o verdadeiro motivo de ter vindo. Ele respondeu:

— Se não me maltratarem, eu lhes contarei a verdadeira intenção da nossa vinda até aqui.

Nosso capitão respondeu dizendo que não o maltrataria. Então ele confessou a verdade, como já se sabia, que era para cortar nosso cabo etc. Então o mantivemos conosco por quatro dias, e no fim do quarto dia o levamos até a praia para que nos ajudasse a comerciar. Mas, justamente quando estávamos mais ocupados com nossos negócios, ele aproveitou para escapar. Então, na terceira noite após essa fuga, nosso intérprete junto com mais doze franceses da nossa tripulação, que costumavam dormir em terra na casa que usávamos para comerciar com a gente da terra, fugiram e levaram consigo toda a mercadoria que estava em terra no nosso armazém, e com eles foi também um inglês, que era o nosso imediato. E de manhã nosso bote foi até a praia assim que clareou, e então dois dos nossos homens, que eram ferreiros ingleses e que dormiam em terra junto de uma forja que montaram ao lado do nosso armazém, mostraram-nos que os franceses tinham fugido durante a noite e esvaziado o armazém. Ao saberem disso, John Podde[10] e quinze outros dos nossos foram atrás deles, e correram o mais que puderam para alcançá-los e trazê-los de volta. E, quando já estavam umas duas léguas mato adentro, foram emboscados pela gente da terra, e a conclusão é que os atacaram e mataram todos menos um,[11] a mando do francês e do português, enquanto nós aguardávamos na praia perto do armazém. Naquela mesma tarde veio uma multidão da gente da terra e ateou fogo ao nosso armazém conosco dentro, e foi de tal forma que queimaram todo o algodão que tínhamos armazenado, sem que conseguíssemos salvar nem um chumaço dele. Então lutamos com eles por quatro horas contadas no relógio e no fim conseguimos pô-los em retirada, mas muitos dos nossos saíram feridos. Enfim embarcamos no bote e subimos a bordo do nosso navio, e lá ficamos até o dia seguinte de manhã. Então enviamos nosso bote até a praia com uma bandeira branca hasteada, junto com uma espada e uma machadinha, e uma carta para os franceses em que vinha escrito que, se tivessem algum de nossos homens ainda com vida, que o mandassem de volta para nós e nós lhes daríamos os conterrâneos seus que quisessem. Depois disso a gente da terra novamente veio nos atacar, e um número enorme deles, atirando contra nós, expulsando-nos da costa, sem permitir mais que desembarcássemos. Naquela ocasião capturamos três deles e os trouxemos a bordo, e ficamos todo o dia ali parados, sem poder fazer nada e sem poder desembarcar, até que nosso capitão e os outros oficiais disseram:

— Senhores, como podem ver, não nos permitem comerciar conforme desejávamos, portanto o melhor é que retornemos para casa, pois ficar aqui é só perda de tempo e nossos víveres já quase se acabaram.

Um navio comercial inglês em Santos

A *viagem do navio* Minion of London *em 1581, realizada a pedido de John Whithall (conhecido como João Leitão), inglês radicado no Brasil, foi uma tentativa de estabelecer uma rota comercial direta entre Londres e Santos. A empreitada ocorreu justamente quando a Coroa portuguesa foi anexada pela espanhola, ficando o Brasil na esfera política do rei Filipe II, antagonista da Inglaterra de Elisabete I.*

Os três testemunhos que documentam a viagem do Minion — *a carta de John Whithall, a carta dos mercadores londrinos e o relato da viagem escrito pelo tesoureiro do navio, Thomas Grigges — foram publicados na coletânea de Richard Hakluyt em 1589, fonte da presente tradução. Tais narrativas revelam muito sobre a vida na colônia, como os hábitos luxuosos das famílias da elite, as práticas comerciais, e as relações entre a Igreja e os funcionários da Coroa.*

Gravura holandesa com a representação de São Vicente e Santos (1624)

UMA CARTA ESCRITA AO SR. RICHARD STAPER POR JOHN WHITHALL, DE SANTOS, NO BRASIL, EM 26 DE JUNHO DE 1578

Venerável senhor e mui estimado amigo sr. Staper,[1] saúdo-o com todo o meu coração e desejo-lhe boa saúde como a mim mesmo.

    Estas poucas linhas visam a informar-lhe que, embora eu lhe tenha escrito há não muitos dias por via de Lisboa avisando-lhe que em breve pretendia encontrá-lo, veio-me a oportunidade de casar-me nesta terra, podendo escolher entre três ou quatro moças. Assim, há uns três dias combinei com um senhor italiano de casar-me com sua filha dentro dos próximos quatro dias. Esse meu amigo e sogro, sr. José Adorno,[2] nasceu na cidade de Gênova, na Itália, e sua família é bem conhecida entre os italianos que vivem em Londres. Além disso, ele tem somente essa filha, que preferiu entregar a mim a entregar a qualquer português em toda a região; junto com ela ganho em casamento parte de um engenho que ele possui que produz todo ano mil arrobas de açúcar. Lucrarei com esse casamento uns 2 mil ducados, pouco mais ou menos. Além disso, meu sogro, o sr. José Adorno, pretende deixar em minhas mãos todo o engenho com sessenta ou setenta escravos e assim fazer-me feitor por nós dois. Agradeço a Deus por conceder-me tanta honra e abundância em tudo.

Além disso, há alguns dias conversei com o provedor e o capitão,[3] que me garantiram terem descoberto algumas minas de prata e ouro, e que estão aguardando a qualquer momento a chegada de mestres para abrir as ditas minas que, quando abertas, irão enriquecer em muito esta terra. Esse lugar se chama São Vicente e fica a 2 mil léguas daí, a 24 graus de latitude no lado sul da linha equinocial e quase abaixo do trópico de Capricórnio. É uma terra muito salubre, livre de qualquer doença.

Ademais, conversei com o capitão, o provedor e meu sogro, que governam toda esta região, sobre mandar vir um navio de Londres com mercadorias, ao que prometeram conceder-me licença, dizendo que agora sou um livre cidadão da terra. Um navio que viesse para cá trazendo as mercadorias de que se precisa por aqui conseguiria enorme lucro, Deus permitindo que os lucros e ganhos chegassem ao destino em segurança. Para cada produto e mercadoria que o senhor enviar de Londres, paga-se aqui três por um, e então os ganhos podem ser usados para comprar açúcar branco por quatrocentos réis a arroba.

Também pretendo conseguir que um amigo em Londres me envie um navio de sessenta ou setenta toneladas, pouco mais ou menos, com as mercadorias que eu indicar. Essa viagem é tão lucrativa quanto qualquer viagem ao Peru. Se o senhor e o sr. Osborne[4] desejarem fazer negócios aqui, dar-lhes--ei precedência em nome de nossa antiga e estreita amizade.

Se tiverem ânimo para tal, em nome de Deus, procurem arrumar uma boa embarcação de setenta ou oitenta toneladas e mandem-na para cá com um piloto português, até o porto de São Vicente no Brasil, perto da fronteira com o Peru.[5]

Aproveito para descrever de que maneira devem preparar essa viagem, em relação tanto às mercadorias como ao resto.

Primeiro devem carregar a dita nau com algumas lãs de Hampshire e Devonshire.[6] Com esse carregamento a nau deve zarpar de Londres em outubro e rumar até as Ilhas Canárias, para lá vender as ditas lãs. Com o lucro dessa venda obtenham um carregamento de quinze toneladas de vinho que seja de excelente qualidade e esteja em bom estado, e seis dúzias de couros de Córdoba das seguintes cores, a saber: laranja, marrom, amarelo, vermelho, e preto retinto. Acho que não encontrarão todas essas cores por lá, portanto é preciso que se leve açafrão a bordo para tingir os mesmos couros. Acho também que lá encontrarão azeite. São necessários três barris ou 150 jarras de azeite para essa viagem. Também em Londres deverão embarcar caixas das seguintes mercadorias ou produtos:[7]

Em primeiro lugar, quatro peças de linho holandês de qualidade média.

Também uma peça de linho holandês fino.

Quatrocentas varas[8] de linho de Osnabrück muito fino.

Quatro dúzias de tesouras, de todo tipo.

Dezesseis quintais de breu das Canárias.

Vinte dúzias de facas grandes arrumadas em feixes, de baixo preço.

Quatro dúzias das pequenas.

Seis peças de lã grosseira de qualidade inferior.[9]

Uma peça de lã de boa qualidade.

Quatrocentas varas de algodão inglês,[10] a maior parte preta, verde e alguma amarela.

Oito ou dez dúzias de chapéus, metade com acabamento de tafetá, os outros simples, com fitas de cetim.

Seis dúzias de camisas grosseiras.

Três dúzias de gibões de lona.

Três dúzias de gibões de lona pespontada.

Uma peça de fino fustão italiano listrado.[11]

Seis dúzias de fechaduras para portas e baús.

Seis mil anzóis de todo tipo.

Quatro dúzias de resmas de papel.

Quatro dúzias de copos diversos.

Duas dúzias de copos venezianos, metade deles grandes, metade médios.

Duas dúzias de mantos de frisa,[12] dos mais baratos que se achem.

Três dúzias de vestidos de frisa.

Quatrocentas libras de estanho do tipo usado em Portugal, a maioria em pequenos pratos e travessas.

Quatro libras de seda de todas as cores.

Vinte libras de especiarias: cravo, canela, pimenta e açafrão.

Dois quintais de sabão branco.

Três libras de linha branca, preta e azul.

Três libras de linha branca fina.

Idem, meia dúzia de lã inglesa grosseira[13] de várias cores.

Quatro peças de lã, azul, vermelha, amarela e verde.[14]

Seis peças de lã crua[15] do Norte de diversas cores.

Uma peça de tecido fino azul de oito libras.

Uma peça de estamenha[16] fina de dez ou doze libras.

Uma peça de fina lã de carneiro de doze libras.

Uma peça de fina kersey[17] preta.

Uma peça de fina kersey vermelha.

Seis jardas de veludo preto.

Três barris de pregos para baús.

Dois barris de pregos para navios e barcas.

Seis quintais de estopa.

Duas dúzias de cintos de veludo sem alças.

Quatro jardas de tafetá vermelho, preto e azul, com algum verde.

Duas dúzias de cintos de couro.

Seis dúzias de machados, machadinhas e pequenas alabardas para cortar lenha.

Quatro conjuntos de cordas de viola.[18]

Quatrocentas ou quinhentas varas de algum linho que seja barato para fazer camisas e lençóis.

Quatro toneladas de ferro.

Estes são os produtos que gostaria que enviassem. Se desejarem negociar ou enviar uma nau até aqui, estejam certos de que, com a ajuda de Deus, garantirei que tudo esteja em perfeita ordem para seu agrado e lucro, pois meu sogro junto com o capitão e o provedor são os que mandam nesta terra.

Meu sogro e eu (se Deus quiser) produziremos boa quantidade de açúcar a cada ano, a qual pretendemos despachar para Londres de agora em diante, se pudermos contar com um amigo tão bom e leal como o senhor com quem possamos fazer negócios. Peço-lhe que me mande resposta assim que receber esta carta e envie sua carta ao sr. Holder[19] em Lisboa, que me conseguirá um portador.

Além do já mencionado, envie seis jardas de *scarlet*[20] e renda delicada de várias cores.

Seis jardas de veludo carmesim.

Seis jardas de cetim carmesim.

Doze jardas de *puke*.[21]

Nesta terra, em vez de John Whithall, chamam-me João Leitão.[22] Eles vêm usando esse nome há tanto tempo que agora só me resta mantê-lo. Quando me escrever, não se esqueça de endereçar a João Leitão.

Assim despeço-me do senhor, desejando a si e aos seus a eterna bênção do Espírito Santo.

Se enviar o navio, peço que dê ordem para que não arribe em nenhuma parte da costa da Guiné nem em nenhuma outra costa, mas que venha diretamente para cá, ao porto de São Vicente, e que seja despachado das Canárias em meu nome, a saber, João Leitão.

Envie também uma dúzia de camisas para mim, se mandar a nau.

E também seis ou sete peças de saieta para mantos de mulher, que é a coisa mais necessária que se possa mandar.

De seu leal amigo John Whithall.

UMA CÓPIA DA CARTA DOS COMERCIANTES PARA O BRASIL, MANDADAS A JOHN WHITHALL, MORADOR DE SANTOS, PELO *MINION OF LONDON*. LONDRES, 24 DE OUTUBRO DE 1580

Sr. Whithall, embora não nos conheçamos, vimos por meio desta saudá-lo etc.[23] Ficamos sabendo por seus amigos, os srs. John Bird, Robert Walkaden,[24] e por seu irmão James Whithall, de certas cartas suas que receberam, enviadas de Santos, as quais vimos e lemos. Segundo elas, o senhor pede que de tempos em tempos eles lhe enviem um bom navio até Santos levando os produtos e mercadorias que o senhor solicita; e o senhor promete não somente que serão bem recebidos, mas que também poderão vender toda a dita mercadoria na proporção de pelo menos um para três, e retornar com a nau carregada do melhor, mais fino e mais branco açúcar, pagando no máximo um ducado por 32 libras do nosso peso. Com base nisso e na confiança que todos depositamos no que o senhor escreve e promete, nós — cujos nomes vêm aqui subscritos — decidimos formar uma sociedade e assumir grandes encargos com o intuito específico de enviar este bom navio, o *Minion of London*, carregado não somente das mercadorias que o senhor pede, mas também de outras muitas coisas que poderão com certeza agradar-lhe ou beneficiar a terra. Pedimos-lhe que deposite em nós e em nossos feitores a mesma confiança que depositamos no senhor e nas suas cartas, porque estamos investindo nesta viagem sem nenhum outro intuito exceto o de negociar de boa-fé e honestamente, seja no mar ou em terra, e asseguramos que a nossa ida deverá trazer-lhe satisfação e gratidão. Para tal, será preciso que o senhor solicite aos magistrados locais, como se faz na Galícia, uma garantia de que seremos protegidos e defendidos de qualquer represália ou embargo de príncipes ou súditos por qualquer motivo ou razão. Se soubermos que dessa forma nos asseguram uma boa acolhida, sentir-nos-emos encorajados a continuar o negócio anualmente daqui por diante. De nossa parte, damos nossa palavra de honra de que não cometeremos nenhuma afronta, seja no mar ou em terra, nem permitiremos que nenhum membro de nossa companhia o faça, e que defenderemos e protegeremos todos os comerciantes pacíficos como nós, bem como seus navios e mercadorias.

E, para que o senhor e outros saibam que o que dizemos é verdade, demos ordens aos nossos feitores para que lhe deem reféns de importância como garantia de nosso juramento. Além disso, enviamos por escrito uma declaração de nossas honestas intenções com os selos da Venerável Cidade de Londres, que jamais faríamos desacreditar com nossas ações, nem por todo o tesouro que o senhor tenha. Desta forma, escrevemos para os magistrados e para outros de seu porto em espanhol, cuja cópia em inglês anexamos para o senhor. E, caso nossas expectativas acabem de tal forma contrariadas por não haver suficiente açúcar branco em Santos na época para carregar nosso navio, pedimos-lhe que envie nossos feitores para onde, navegando em segurança, possam obter o que precisam, e que lhes forneça algum bom piloto para esse propósito, e escreva cartas recomendando-os aos seus amigos produtores do melhor açúcar, e ajude nossos feitores a conseguir um atestado em Santos de que eles e o senhor negociaram amigavelmente e se despediram em boa e perfeita amizade, reiterando que a justa causa da nossa vinda foi comerciar pacificamente como mercadores e não como piratas vindos para cometer agressões a uns e outros.

Também lhe pedimos que, caso haja qualquer estoque de cera ou salitre[25] cujo preço aí possa render-nos tanto lucro quanto o açúcar branco a um ducado a arroba, ou qualquer outra mercadoria de mesmo lucro, consiga que embarquemos um carregamento sem problemas com a lei, seja minério de ouro ou prata, ou qualquer outro produto.

Estamos lhe enviando caldeirões de cobre para os seus engenhos, com ferro e tudo o mais necessário para seus propósitos, além de artífices para montá-los. Portanto, já que a seu pedido fizemos grandes despesas para enviar esses homens, igualmente rogamos-lhe que nos faça a justa mercê de facilitar nossos negócios com a mesma cortesia. E, se porventura algum dos nossos marinheiros ou passageiros, movido por uma desavença a bordo ou tencionando se casar, ou por outro motivo qualquer, buscar permanecer ou residir aí e abandonar suas funções,[26] então que o senhor sirva como homem da lei e envie esses fugitivos de volta a bordo como prisioneiros. Como sabe, sem nossos homens nosso navio não tem como retornar.

Orientamos nossos feitores a usar de seus conselhos e auxílio em seus negócios, e a gratificá-lo por isso e pela sua cortesia e leal amizade, como cabe à sua favorável inclinação. Enquanto isso, como prova de nossa boa-fé para consigo, enviamos um leito[27] de nogueira, com baldaquim, dossel, cortinas, e puxadores folheados a ouro. E, se houver qualquer outra mercadoria que agrade a si ou a seus amigos, demos ordem para que tenham precedência, pagando por elas o preço de custo.

E assim, para concluir, com a promessa de nossa parte de realizar tudo aqui dito em cada detalhe, que Deus o acompanhe e proteja com todas as Suas bênçãos.

Seus devotados amigos,
Christopher Hoddesdon
Anthony Garrard
Thomas Bramley
John Bird
William Elkin[28]

ALGUMAS NOTAS SOBRE A VIAGEM AO BRASIL DO JÁ MENCIONADO *MINION OF LONDON*, NO ANO DE 1580, ESCRITAS POR THOMAS GRIGGES, TESOUREIRO DO DITO NAVIO

Partimos de Harwich no *Minion of London* no terceiro dia de novembro do ano acima mencionado, e nada digno de nota aconteceu até o dia 22 de dezembro, no mês seguinte. Nesse dia, para nossa própria informação e uso observamos que, estando sob o equador, o sol se pôs de oeste para sudoeste, o ar estava muito temperado, e o vento soprava a maior parte do tempo de sudeste e de leste-sudeste. No mesmo dia também observamos que a lua, um dia depois de cheia, nasceu a leste-nordeste.

A primeira terra que avistamos na costa do Brasil foi a ilha de São Sebastião,[29] aonde chegamos no dia 14 de janeiro do ano de 1581.

No dia 16, Thomas Babington e outros desembarcaram com a nossa pinaça em Guaibê,[30] onde se encontraram com John Whithall e seus sogros, que, tendo recebido cartas em Santos enviadas da ilha de São Sebastião, vieram a bordo. Então levantamos âncora e zarpamos, e no dia 28 chegamos à ilha de Santa Catarina,[31] perto da baía de Santos.

Nossa rota desde a ilha de São Sebastião foi de sudoeste para oeste, e entre sudoeste e oeste, e oeste-sudoeste.

Essa ilha de Santa Catarina parece de início ser parte da ilha de Guaibê. Ancoramos a 54 pés, num fundo escuro e barrento.

Na ilha crescem muitos palmiteiros, mas não há água fresca.

No dia 3 de fevereiro, chegamos em frente à vila de Santos, e fomos bem recebidos e acolhidos pelo capitão,[32] os oficiais do rei e toda a gente.

No dia 4, trouxemos a bordo um boi vivo que serviu para suprir nosso navio, alimentar nossos homens e alegrar mais um pouco a terça-feira de Páscoa.

No dia 8, entregamos ao sr. John Whithall um leito com todos os acessórios,[33] que lhe fora enviado pelos nossos mercadores de Londres.

No dia 18, o capitão de Santos veio a bordo do nosso navio, e por ele soubemos que quatro grandes navios franceses de guerra tinham passado pelo Rio de Janeiro, onde capturaram três canoas e de onde foram expulsos pelos fortes e castelos, e eram esperados aqui em Santos. Portanto, o capitão pediu-nos que emprestássemos algumas armas e munição, então lhe emprestamos vinte arcabuzes[34] e dois barris de pólvora.

No dia 19, o esquife que tínhamos enviado a Alcatraz[35] seis dias antes voltou trazendo boa quantidade de grandes e bons peixes, e contaram-nos que lá havia boa quantidade de peixe para pesca de anzol, e quanta madeira de palmito quiséssemos.

No dia 20, à noite, Nicholas Gale, um membro da tripulação, caiu do convés pela lateral do navio e se afogou no porto de Santos, em frente à vila, onde o navio estava ancorado.

No dia 22, duas das canoas que os franceses tinham capturado no Rio de Janeiro chegaram a Santos, e contaram que os quatro navios franceses tinham seguido para o sul. Segundo eles, navegavam para os estreitos de Magalhães, e de lá para o mar do Sul.

No dia 23, o dito Nicholas Gale, que tinha caído no mar dois dias antes, foi encontrado a três milhas do nosso navio. Nossa tripulação foi ao seu enterro na igreja em Santos.

Nesse dia, o capitão e os juízes de Santos pediram-nos que permanecêssemos no porto até o último dia de abril, pois tinham enviado um barco de Santos até a Bahia, para os representantes do rei, para saber se tinham permissão de negociar conosco ou não, e esse barco não retornaria antes disso.

Foi por essa época que chegou a Pernambuco um navio de Portugal trazendo novas de que as Ilhas, as Índias e o próprio Portugal estavam sendo assediados e atacados pelos espanhóis, e que os portugueses tinham chamado ingleses e franceses até Lisboa para defendê-los contra a Espanha.[36]

No dia 25 mandamos dois de nossos homens, Thomas Michael e Simon Thorne,[37] para a Bahia num barco de Santos.

No dia 22 de abril nosso mestre[38] e Thomas Babington conversaram com os padres de Santos. Estes lhes disseram que lamentavam nossa expulsão da Igreja, mas que o administrador[39] tinha escrito do Rio de Janeiro dizendo que, já que nesses últimos vinte anos ou mais a nação inglesa vinha negando a Igreja de Roma e sua conduta, ele ordenava que nenhum de nós fosse à igreja. Os padres pediram que tivéssemos paciência e boa vontade, e nos deram sua palavra de que nos defenderiam até por escrito junto ao administrador e ao bispo da Bahia,[40] além de pedirem que nós, ingleses, não pensássemos mal deles.

No dia 28 de abril carregamos nossos navios com açúcar.

No dia 21 de maio embarcamos alimentos frescos de Santos.

No dia 10 de junho gratificamos um certo José Adorno,[41] morador de Santos, com algumas das nossas iguarias inglesas, e o recebemos em grande estilo no nosso navio. Nesse dia prometeram-nos que teríamos um piloto em Santos para nos levar até a Bahia.

No dia 11 fomos pescar para abastecer o navio e os homens, e desse dia até o dia 18 estivemos recolhendo água, cortando lenha para fazer fogo, e consertando os estragos e vazamentos que os vermes tinham feito no nosso navio enquanto estávamos na ilha de São Sebastião. Depois disso, levantamos âncora do porto de Santos e, ao atravessarmos a barra, nosso mestre enviou o esquife de volta, com a intenção de buscar Thomas Babington e William Evet[42] junto com o tal piloto, por quem esperávamos havia três dias. Mas, quando o esquife vinha passando, William Evet, que estava na margem, chamou-o e por ele enviou uma carta ao nosso mestre, escrita por Thomas Babington, dizendo que não havia novidades, exceto que o administrador tinha chegado a Santos vindo do Rio de Janeiro e desejava falar com ele. No entanto, Evet avisou que nada do que Thomas Babington escrevera era digno de crédito, e aconselhava-nos a partir imediatamente para São Sebastião e cuidar de nossos negócios de lá. Depois deveríamos mandar buscá-lo e a Babington em Guaibê, onde ele — se estivesse bem — estaria pronto para vir a bordo.

Quando já tínhamos navegado duas léguas desde a barra de Santos, um de nossos cabos rompeu-se em mar aberto, o que aconteceu no dia 15 desse mês.

Chegamos a São Sebastião no dia 15, e lá reequilibramos nosso lastro carregando pedras a bordo, encalhamos o navio na areia para interromper os vazamentos e desembarcamos nossos barris de água para consertá-los, o que na verdade teria sido mais bem feito em Santos, antes que o administrador chegasse. Mesmo assim conseguimos terminar tudo o que dizia respeito ao nosso navio lá pelo dia 22 desse mês, em São Sebastião.

No primeiro dia de julho Thomas Babington veio a bordo com William Evet, na nossa pinaça, bem como o resto dos homens que tinham ido com eles. Mas nenhum piloto veio para nos levar até a Bahia, como nos fora prometido.

As coisas que observamos e das quais tomamos nota enquanto estivemos em Santos foram as seguintes:

Para todos os produtos e mercadorias que no Brasil são livres de taxas de alfândega, o costume da terra é definir um preço, que é usado em sua venda, o que é estipulado pelos magistrados de acordo com as ordenações de seu rei.

Mas, no caso das mercadorias da terra sujeitas à alfândega, os mercadores podem vendê-las da forma que quiserem e que lhes traga maior lucro e ganho.

Em relação à província do Peru, soubemos que uma parte dela fica somente a doze dias de viagem por terra e mar desde a vila de Santos, e de lá são mais ou menos quatro ou cinco dias de viagem por mar até o estuário do Rio da Prata.

Do estuário do Rio da Prata e das principais vilas que lá estão, faz-se comércio e trocas com o interior do Peru usando carroças, cavalos e mulas.

O dito Rio da Prata é tão cheio de bancos de areia e perigos, e as águas são às vezes tão turvas, que nenhum navio ousa penetrá-lo, somente pequenas embarcações bem preparadas conseguem subi-lo, e nada mais.

Os portugueses daqui não podem explorar as ricas minas desta região, sob pena de morte, o que foi ordenado pelo rei e pelo vice-rei, que, para eles, tem a mesma autoridade do rei.

A mais ou menos vinte léguas de Santos há um tipo de índio selvagem que vive nas montanhas e é aliado dos portugueses.⁴³ Eles têm guerras contínuas contra outros índios que moram perto da fronteira com o Peru, distante umas quatrocentas ou quinhentas léguas de Santos. Esses índios do Peru possuem grandes quantidades de ouro e prata, dos quais não conhecem o valor.

Se capturam um índio do inimigo, vendem-no para os portugueses em troca de facas, pentes, machados ou machadinhas e outras ninharias. Vendem um índio para um português por uma faca ordinária e, depois de dois anos, este passa a valer vinte ou trinta ducados para o português.

Essa gente também tem guerras constantes com os espanhóis. E isso quem nos contou foi um desses índios, que vivia entre os portugueses havia sete anos, com seu patrão chamado sr. Manoel Veloso. E esse sujeito teria vindo de bom grado conosco para a Inglaterra.

Há certos recifes que ficam entre as ilhas de Alcatraz e São Sebastião, a mais ou menos duas léguas de terra, com os quais se deve tomar cuidado. À distância, num dia claro, parecem velas de navios.

Há outros recifes perto de Santa Catarina, também a umas cinco léguas a leste e pelo sul, depois da ilha.

Quando chegamos a Santos, encontramos 24 pés e meio de profundidade na parte mais rasa, e achamos a mesma profundidade mais de uma légua além de Santa Catarina, pouco mais ou menos. Mas, cerca de uma milha depois de alcançar a profundidade de 24 pés e meio, a profundidade aumenta cada vez mais.

Diante da vila de Santos, navegamos com 108 pés de profundidade.[44]

Thomas Turner, mercador de escravos

Relato sobre as viagens do mercador inglês que, entre o final do século XVI e o início do XVII, atuou na rota comercial que ligava Brasil, Portugal e Angola. Descreve a fauna brasileira, os costumes dos índios e as relações comerciais entre Brasil e Angola, especialmente o tráfico de escravos, e noticia uma rebelião de africanos ocorrida em fins do século XVI. O breve relato parece ser um resumo de um depoimento mais extenso, recolhido quando Samuel Purchas entrevistou Thomas Turner sobre suas experiências no Brasil e na África, e foi publicado em Londres, em 1625, na coletânea de viagens editada por Purchas, base para a presente tradução. O autor do breve excerto parece ser o próprio Purchas, como expresso no título.

CHAP.8.9. *S. Michaels cold and heat. Giant seene and Flat-heads.* 1243

CHAP. VIII.

Relations of Master THOMAS TVRNER *who liued the best part of two yeeres in* Brasill, &c. *which I receiued of him in conference touching his Trauels.*

N Saint *Michael* one of the *Açores*, they ascend vp in a forenoones Iourney vnto a hill into a Chappell, wherein they need a fire in Summer for the cold: there being a little off three Springs, the one whereof casteth vp waters in a continual boyling with a terrible noise, and of great heate, the second of heate intolerable, which in short time sealdeth any liuing thing to death, the ground also hote to stand on: but the water calme. The third is warme, and a fit Bathe. In these Ilands in Caues bee found men buried before the Conquest, whole, &c. *Brasilian Indians* are *Canibals*, and not for reuenge only, but for food also deuoure mans flesh. The *Portugals* make not slaues of them, nor can enioyne them worke, by reason of a commission to the contrarie obtained by the Iesuites: neither doe they winne of them ought but by faire meanes. They are most excellent Archers, goe starke naked, the womens haire long and blacke, harsh as a Horse-taile. He did see vp the Riuer of *Plate*, one twelue foot high, and report was of higher in that Countrey. Their Weapons are two massie bowles at the two ends of a string cast, &c. He saw also men there with the hinder parts of their heads, not round but flat, (and a little before this Relation, about *Anno* 1610. he said that at London he had seene carried to the Court a thigh bone of a man a yard and halfe in length.)

Their beasts in *Brasil* are great Apes with beards and Mustachioes, Kine like vnto ours of both sexes, but liuing in the waters and resorting to land to feed. Hauing no Vdders, nor hornes, long legs, harmelesse, lesse somewhat then ours, their flesh like beefe, but eaten in the name of fish. Tigres like Grey-hounds spotted like Ounces exceeding swift, the force of whose paw at a blow killeth his prey. Their beast by some called *Hay*, which yet he saith, eateth leaues of trees and not Aire only: the louely prettie *Seguin*. The Serpent *Cobras*: whereof he saw one almost as bigge as himselfe, twentie foot long, killed by their *Indian* boy, of colour like an Adder. Of whom they report (and a Father gaue him instance of the proofe) that watching his prey, that is whatsoeuer commeth by, it windeth about and getteth the taile into the fundament drawing the guts after it: and so preyeth on the same, deuouring all, till that it be not able for fulnesse to stirre, but rotteth as it lyeth, the flesh quite away, the head and bones remaining, in which the life continuing recouereth at last his former state. One was thus found in the rottennesse, and being bound for proofe by the *Portugals*, with a withe to a Tree, at their returne was so found repaired. The beast that baggeth vp her young ones, &c. *(as in others Relations, heere therefore omitted.)*

The *Indian* is a fish in the Sea, and a Foxe in the Woods, and without them a *Christian* is neither for pleasure or profit fit for life or liuing.

Out of *Angola* is said to bee yeerely shipped eight and twentie thousand * slaues and there was a Rebellion of slaues against their Masters, tenne thousand making a head and barracadoing themselues, but by the *Portugals* and *Indians* chased, and one or two thousand reduced. One thousand belonged to one man, who is said to haue tenne thousand slaues, Eighteene *Ingenios*, &c. his name is *Iohn de Paüs*, exiled out of *Portugall*, and heere prospering to this incredibilitie of wealth.

There are Apples called *Ananas*, pleasant in colour and exceedingly in taste, and holesome, but eating Iron as *Aqua fortis*.

Brasil is full of Mines, if the King would suffer the digging them.

Saint Michaels.

Brasill. Iesuites Sauages friends.

Giants.

Flat heads.

Strange Kine.

See before in Ouiedo. Strange Serpent. * This number may perhaps seeme incredible and iustly, yet heed tels the report, which in some one yeere after a little, may also be probable: but the generall report is of diuers thousands shipped thence yeerly: making their gaine by the Negroes foolish and spightfull wars vpon each other.

CHAP. IX.

The taking of Saint Vincent *and* Puerto Bello, *by Captaine* WILLIAM PARKER *of* Plimmouth, *the seuenth of February* 1601.

N the beginning of Nouember 1601. I departed from *Plymmouth* with two ships, one Pinnasse and two shallops in quarters toward the West Indies. My chiefe ship wherein I went my selfe as Admirall was named the *Prudence*, of an hundred tuns, wherein I had an hundred and thirtie tall men, the second was the *Pearle*, a small ship of sixtie tunnes, wherein went as my Vice-admirall Master *Robert Rawlin*, accompanied with sixtie lustie fellowes, my Pinnasse of twentie tuns was manned with eighteene men. In this *Consort* were Master *Edward Giles*, and *Philip Ward*

Gen-

Página da primeira edição de "Relations of Master Thomas Turner who lived the best part of two yeeres in Brasil"

O RELATO DO SR. THOMAS TURNER, QUE VIVEU QUASE DOIS ANOS INTEIROS NO BRASIL ETC.,[1] O QUAL ME FOI TRANSMITIDO POR ELE, EM CONVERSA A RESPEITO DE SUAS VIAGENS

Os índios no Brasil são canibais, e devoram o inimigo não somente por vingança, mas também por alimento. Os portugueses não os escravizam, nem conseguem sujeitá-los ao trabalho, por causa de uma proibição imposta pelos jesuítas. Pelo mesmo motivo, só conseguem algo deles por meios justos. Os índios são excelentes arqueiros, andam completamente nus, os cabelos das mulheres são longos, negros e grossos como crinas. No Rio da Prata, Turner viu um índio de três metros de altura, e conta que havia outros mais altos naquela terra.[2] Suas armas são duas enormes bolas amarradas na ponta de um fio etc.[3] Também viu nessa região homens cuja parte de trás da cabeça era chata e não redonda (contou também que, um pouco antes deste relato, por volta de 1610, viu trazerem para a corte em Londres um osso da coxa de um homem que media um metro e meio).

No Brasil há grandes macacos com barbas e bigodes. Há vacas como as nossas de ambos os sexos mas que vivem na água e só vão a terra para se alimentar.[4] Sem tetas ou chifres, têm pernas compridas e são mansas e um pouco menores do que as nossas, sua carne parece de boi, mas é consumida como se fosse peixe.

Há tigres semelhantes a galgos, pintados como onças e extremamente velozes, cuja pata é tão possante que basta um golpe para matar sua presa. Conta ele ainda que há lá um animal chamado por alguns *hay*, que vive das folhas das árvores e não só de ar.[5] Há o adorável sagui.[6] E há também a serpente *Cobrus*, tendo ele visto uma quase do seu tamanho, de seis metros de comprimento e da mesma cor das víboras, que foi morta pelo indiozinho que os acompanhava. Dela dizem (e um padre lhe deu provas) que fica à espreita de uma presa qualquer que lhe passe por perto, então se enrosca nela e lhe enfia a cauda pelo ânus, deitando-lhe fora as vísceras. Assim ataca e depois a devora inteira até que, de tão cheia, nem consegue se mover e fica apodrecendo; a carne toda se desfaz, deixando somente a cabeça e os ossos com um resto de vida, o que por fim a faz recuperar sua forma original.[7] Ao encontrarem uma assim apodrecendo, os portugueses, para tirar a prova, amarraram-na com juncos a uma árvore, mas, quando voltaram, já tinha voltado ao normal. Há também um animal que guarda seus filhotes numa bolsa etc. (*como aparece em outros relatos, é, portanto, aqui omitido*[8]).

Os índios são como peixes no mar e raposas nas matas, sem eles os cristãos não conseguem levar a vida com prazer ou proveito.

Diz-se que todo ano são embarcados em Angola 28 mil escravos[9] e houve uma revolta de escravos contra seus senhores,

10 mil juntando-se em barricadas, mas foram perseguidos pelos índios e pelos portugueses e mil ou 2 mil deles foram recapturados. Mil pertenciam a um homem que, segundo dizem, possui 10 mil escravos, dezoito engenhos etc. Chama-se João Pais e foi exilado de Portugal, vindo a conquistar essa enormidade de riqueza no Brasil.[10]

Há maçãs chamadas ananás, de cor agradável e gosto delicioso, e saudáveis, mas corroem o ferro feito água-forte.

O Brasil é cheio de minas, se ao menos o rei se dispusesse a explorá-las.

AVENTUREIROS

A *Geografia Barlow*

A viagem comandada por Sebastião Caboto, que parte de Sanlúcar de Barrameda, na Espanha, em 1526, com o objetivo de chegar às ilhas Molucas, termina por se concentrar na bacia do Rio da Prata, realizando uma das primeiras explorações europeias da região. O impacto da viagem pode ser medido pelas obras escritas por três de seus integrantes. Alonso de Santa Cruz, o futuro cosmógrafo real da Espanha, ofertou ao rei o Islario general de todas las islas del mundo, em que se acham detalhados roteiros geográficos e mapas aquarelados das regiões que conheceu ao lado de Caboto. O espanhol Luis Ramírez redige, em 1528, uma extensa carta descritiva da natureza e dos povos que conheceu. E o inglês Roger Barlow, mercador estabelecido em Sevilha, dedicou ao rei Henrique VIII um livro intitulado Brief Summe of Geographie, também conhecido como Geografia Barlow, cuja seção dedicada à "quarta parte do mundo" traz suas próprias observações e experiências ao descer o litoral brasileiro e explorar os rios da bacia do Prata. Considerada a primeira obra inglesa sobre o Novo Mundo, foi editada por Eva G. R. Taylor, em Londres, pela Hakluyt Society, em 1931, base da presente tradução.

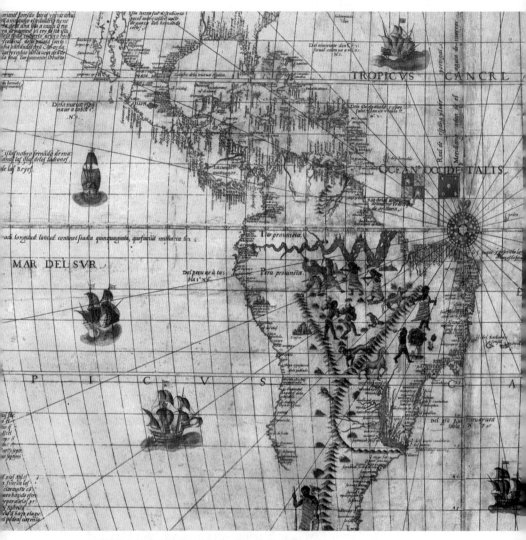

Planisfério de Sebastião Caboto (1544) (detalhe)

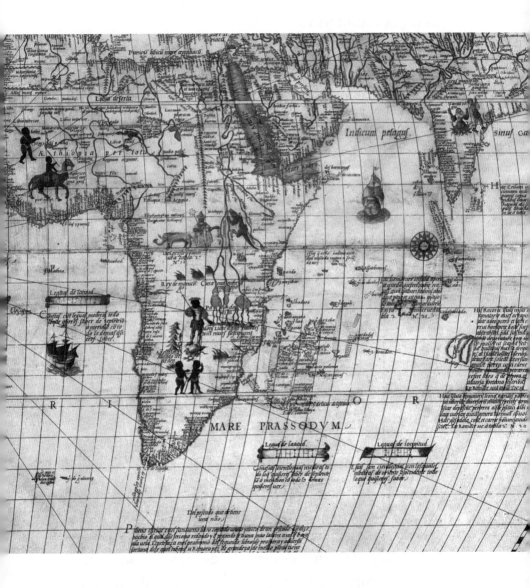

AS ÍNDIAS OCIDENTAIS

Agora falarei da outra parte do mundo que fica da ilha do Ferro[1] para o oeste. E vou dividi-la em duas partes, uma indo da ilha do Ferro para o norte e a outra para o sul e a oeste, que são as Índias Ocidentais, e desta parte falarei primeiro, pois há mais terra descoberta para este lado do que para o norte.

Da ilha do Ferro até a ilha de São Nicolau são duzentas léguas a sudoeste-sul, da ilha de São Nicolau até a ilha do Fogo[2] são quarenta léguas a sul, e da ilha do Fogo até o Cabo de Santo Agostinho, que fica do outro lado da linha do equador na direção austral, são quatrocentas léguas a sul-sudoeste.

Nesse golfo do mar, enquanto viajávamos, vimos muitos peixes diferentes e estranhos, especialmente peixes que chamamos voadores,[3] que voam por cima da água de um só voo a uma distância maior do que um tiro de lança, e voam inumeráveis deles juntos como numa revoada. E lá vimos muitas aves voando que eram do tamanho de um falcão ou um gavião ou maiores, com a cauda bifurcada, e, quando os peixes mencionados voam sobre a água, essas aves se lançam sobre eles, apanhando-os. E, quando esses peixes escapam das aves mergulhando debaixo d'água, vem outro tipo de peixe chamado bonito, do tamanho de um bacalhau pequeno. Nadam sempre em grandes cardumes perto da superfície, à espreita desses voadores, de modo que esses peixes não têm sossego, nem debaixo, nem em cima d'água. É um peixe seco demais para se comer. Apanhamos muitos deles nos nossos navios, pois, quando fogem da água, às vezes se batem contra as velas dos navios, caindo no convés. São roliços como um pequeno painço, do tamanho de um palmo, e têm asas como barbatanas de peixe, só que largas e finas.

O Cabo de Santo Agostinho[4] fica a oito graus e meio ao sul do equador, e, cinco graus antes de alcançarmos o equador, perdemos de vista a estrela Polar. Do Cabo de Santo Agostinho até o rio de São Francisco são 45 léguas a sul-sudoeste, a dez graus. Este é um bom rio e um bom porto. Do rio de São Francisco até a Bahia de Todos os Santos, que fica a treze graus, são setenta léguas, e entre os dois fica o Porto Real,[5] que é um bom porto e tem bons rios. Dentro da Bahia de Todos os Santos há algumas pequenas ilhas. Toda essa costa é baixa e de pouco proveito, o povo anda nu. Da Bahia até Porto Seguro são oitenta léguas de costa para o sul-sudoeste a um quarto; fica a dezessete graus e é um bom porto e rio. De Porto Seguro até o cabo que fica em frente à baía Formosa[6] são 110 léguas; fica a sul-sudoeste, e entre esses dois cabos há muitos baixios, e há bancos de areia que entram mais de 35 ou quarenta léguas mar adentro chamados recifes,[7] onde a profundidade é de cinco metros e meio, e quanto mais próximo da costa mais raso fica. Perto do cabo dos baixios[8] fica a baía de São Tomé e adiante fica o Cabo Formoso, a 22 graus e meio.[9] Passando o cabo, há uma enseada entre duas pontas de terra que tem uma légua de largura e três ou quatro de comprimento, no fundo da qual fica o rio Delgado.[10] É um bom porto com boa gente. Toda essa costa é cheia de baixios. Dessa enseada até o Cabo Frio são dezesseis léguas. Cabo Frio fica a 23 graus e meio. Entre o Cabo de Santo Agostinho e esse cabo, depois que perdemos de vista a estrela Polar, avistamos a estrela do Sul perto do polo antártico, que é uma de três estrelas que ficam num triângulo.[11] Lá tomávamos o sol ao meio-dia sempre na direção norte. Esse Cabo Frio tem uma ilha logo em frente. A partir de Cabo Frio, a costa se inclina a noroeste e por norte a um quarto por 25 léguas, e dali por diante se inclina para nordeste por vinte léguas, fazendo o Cabo Frio parecer uma ilha,[12] já que entre ele e o continente há um golfo com muitas ilhas no meio. Nesse golfo fica o Rio de Janeiro, e desse golfo até o rio de São Francisco[13] são 75 léguas, e abaixo dele fica o rio Cananeia, que é um bom rio, e quase no meio da costa fica o Cabo de São Sebastião,[14] que entra quatro léguas mar adentro.

 Toda essa costa tem muitas ilhas, do rio Cananeia até a ilha de Santa Catarina são cinquenta léguas para o sul. Nessa ilha há grande quantidade de madeira, boas árvores, muito altas e de diversos tipos. Essa ilha tem dezessete ou dezoito léguas de comprimento e oito de largura, e entre ela e o continente há uma baía que é um porto muito bom para navios. Ela se localiza a 28 graus.

Desde o Cabo de Santo Agostinho até essa altura cresce ao longo do continente muito pau-brasil, e nenhuma outra coisa de proveito da qual se tenha conhecimento. A gente dessa costa, tanto homens como mulheres, anda nua, pinta o rosto e o corpo de várias formas, e os homens, quando vão à guerra, pintam o rosto de uma maneira assustadora e têm os lábios cheios de furos por onde enfiam pedaços de cristal compridos e dentes de animais selvagens, e cobrem o corpo com penas de papagaio de várias cores, primeiro lambuzam o corpo, as pernas e os braços com uma certa goma líquida e por cima colam as penas. Na cabeça usam um chapéu de penas, e alguns usam, como um elmo, uma cabeça seca de onça, tigre ou outro animal selvagem com a boca e os dentes à mostra, e o fazem para assustar o inimigo, pois assim ficam mais parecidos com diabos do que com homens. Suas armas são arcos e flechas, e em toda essa costa até o Cabo de Santa Maria eles se comem uns aos outros e se chamam tupis.[15] E há no interior dessa costa muitos povos com diversas línguas e costumes, como os *carios*, *acabusicas* e *cariges*, que não se comem uns aos outros como os tupis mas, quando tomam um inimigo, matam e o deixam no chão para ser devorado pelos bichos selvagens. E têm muitos reis aos quais o povo obedece e, se algum prisioneiro é capturado e trazido à presença do rei, será libertado e o deixarão ir embora. Em toda essa terra os homens tomam sete ou oito mulheres por esposas e, aonde quer que vão, suas esposas os acompanham, carregando seus filhos e tudo o que possuem. Suas casas são feitas de estacas com um vão no meio e cobertas com folhas, de tal modo que não deixam entrar nem o vento nem a chuva. Numa casa moram cinquenta ou sessenta índios ou mais. As casas são chamadas de *bohiros* e as suas camas de *hamacas*,[16] que são feitas de algodão trançado. Uma das pontas é amarrada com uma corda num pau e a outra num outro pau, ficando assim pendurada. Todos os homens e mulheres nessa terra andam nus. Quando um homem morre, seu irmão mais próximo herda todas as suas esposas, tomando para si todas as que quiser, e as demais ele dá para seus próprios filhos e parentes ou para quem quiser. E os anciãos não se importam de ficar com as jovens e os rapazes com as anciãs. Quando lhes perguntamos por que assim faziam, pois achávamos muito inadequado que homens muito velhos ficassem com moças jovens e rapazes com anciãs, responderam que o motivo era o seguinte: como as jovens carecem de qualquer experiência do mundo, colocam-nas com anciãos para que eles as instruam em como organizar a casa; da mesma forma os jovens não sabem como sobreviver no mundo, então lhes são dadas as anciãs para que os ensinem. E, se um forasteiro os visita e quer travar amizade, lhe darão esposas e, se ele as recusar, o tomarão por inimigo.

Andam todos nus, tanto homens como mulheres, e não deixam cabelo algum crescer em nenhuma parte do corpo, exceto na cabeça, e as anciãs deixam os cabelos longos até abaixo da cintura. Em alguns lugares usam um pedaço de pano de algodão ou uma folha para cobrir as vergonhas, já que outra vestimenta não têm. E as jovens nem isso fazem, preferindo cobrir-se com pinturas coloridas. Nessa terra vivem até 120 ou 130 anos. Há muitos animais selvagens, como veados e aves selvagens, porcos-do-mato e diversos outros animais estranhos de carne boa e saborosa, e grande quantidade de pássaros, como papagaios de diversos tipos, grandes perdizes, pavões, patos e gaivotas e diversos outros tipos de pássaros estranhos, e uma enorme quantidade de peixes que eles pescam disparando flechas na água. Seria necessário todo um livro só para descrever os tipos estranhos de peixes que se encontram nessa costa e também os estranhos animais e aves da terra, pois há alguns peixes parecidos com homens e mulheres,[17] e alguns parecidos com cavalos, e alguns com coelhos, e alguns são semelhantes aos sapatos altos usados pelas mulheres na Espanha e estes são muito venenosos. Há ainda outros que boiam na água e são arroxeados, parecem uma pele com vários pequenos fiapos que vão pendurados por baixo d'água e, como em cima d'água parecem uma nau com uma vela de três pontas, nós os chamamos de caravelas. E, se alguém os tomar na mão, logo grudam na pele, e é preciso sacudir a mão para soltá-los, pois a mão e o braço ardem e incham tanto que é como se o fogo bravo de Santo Antônio[18] estivesse queimando e, enquanto dura, a dor é tão terrível que pode levar um homem à loucura. Também há outro peixe chamado tubarão que é um peixe enorme com uma cabeça enorme, e com duas fileiras de dentes, uma sobre a outra. Seus dentes são agudos como as pontas das lanças mais afiadas e duras. Quando os índios os capturam, aproveitam seus dentes para a ponta das flechas. Não há nada que caia na boca desse peixe que não seja imediatamente destroçado por seus dentes. Acompanham os navios, quando zarpam, por umas trezentas ou quatrocentas léguas, sem jamais deixá-los. Pescamos muitos deles com um grande anzol de ferro feito para esse propósito, com uma corrente de meio metro bem amarrada a uma corda forte. Colocamos na ponta do anzol um pedaço de carne como isca e o lançamos ao mar pela popa do navio. Assim que o peixe viu a isca, começou a brincar com ela por bastante tempo, chegou até a abocanhá-la e depois a largou novamente. Enfim acabou a engolindo e os marinheiros conseguiram puxá-lo até o convés, mas todos precisaram tomar cuidado, pois, se acontecesse de agarrar-lhes um braço, um pé ou uma perna, iria logo arrancá-los com seus dentes afiados. Sua carne é muito dura e sem gosto, portanto, quando os pescávamos, lhes fincávamos numa estaca afiada pelo rabo, atravessando o corpo, e os lançávamos vivos de volta ao mar, onde ficavam boiando e afundando na água enquanto muitos peixes os rodeavam, ora para observá-los, ora para devorá-los, o que era divertido de assistir. Um dia, numa calmaria, estávamos pescando quando um dos marinheiros fisgou um enorme cação. Mas um tubarão veio atrás do peixe no momento em que ele era içado e, antes que conseguíssemos puxar o peixe para fora d'água, já o tubarão tinha lhe arrancado metade, e a outra, que veio junto com o anzol, vinha como se tivesse sido cortada com uma faca afiada. Nessa terra não há milho, mas sim um certo grão que chamam de *abati*,[19] do qual fazem pão e vinho.[20] O grão é amarelo e às vezes vermelho, do tamanho de uma ervilha grande, do qual fazem muita farinha, que eles têm em grande quantidade, embora o seu pão mais comum seja feito de uma raiz que eles chamam de mandioca. Esta cresce debaixo da terra como a raiz de fetos, mas é da grossura de um antebraço e do comprimento de dois ou três palmos. Quando ainda está verde, é muito venenosa, mas os índios a tomam e a esfregam contra uma pedra até ficar ralada. Então a colocam num saco comprido e apertado feito de ripas de árvores[21] e espremem o líquido, recolhendo-o num pote. Quando todo o líquido é retirado, resta no saco uma farinha fina e branca como a neve, da qual fazem bolos e os assam em panelas sobre o fogo. Depois de pronto é um pão muito bom, saudável e medicinal, e dura um ano, sem estragar. Também recolhem o líquido e cozinham-no sobre o fogo, depois do quê, está pronto para beber e dá muita sustentação e força. Mas, se alguém o beber antes de fervido, mesmo que apenas a quantidade que caiba numa casca de noz, morrerá imediatamente.

Há outras frutas silvestres boas de comer e a terra é boa, mas o povo é tão bestial que não se aplica a nenhum trabalho a não ser passar todo o tempo tramando modos de capturar seus vizinhos para comê-los.

Da ilha de Santa Catarina até o Cabo de Santa Maria[22] são 150 léguas, com a costa seguindo de sudoeste por sul. O Cabo de Santa Maria fica a 35 graus, e toda a costa da ilha de Santa Catarina até esse cabo é cheia de baixios próximos da praia, e a costa é muito plana. Na parte mais ao norte do cabo há um bom rio e porto para navios, e no outro lado entra o rio de Solis,[23] que é um rio enorme, pois na foz ele tem 25 ou trinta léguas de embocadura entre o Cabo de Santa Maria e o Cabo Blanco.[24] E vinte léguas rio adentro há uma ilha chamada ilha dos Lobos-Marinhos,[25] em volta da qual há focas em tanta abundância que em pouco tempo um navio pode fazer um carregamento delas. O rio[26] entra pela terra adentro 75 léguas a oeste e pelo norte, onde fica outro rio, chamado São Salvador,[27] que dá boa passagem para navios. O rio de Solis é perigoso para navios maiores, pois nele há muitos bancos de areia e baixios que não têm mais do que quatro ou seis metros de profundidade.[28] E entre o Cabo de Santa Maria e o rio de São Salvador há várias ilhas onde encontramos topázios e outras pedras preciosas. Próximo a esse rio de São Salvador há outro grande rio chamado Ornay,[29] que segue para norte e nordeste. Ao lado dele há outro grande rio chamado Paraná, um rio espantosamente extenso em comprimento e largura. Nós o subimos por mais de trezentas léguas com um galeão, um bergantim e uma caravela, e todo esse rio é de água doce, não tem enchente nem vazante, mas a corrente sempre segue em direção ao mar, onde irrompe tanta abundância de água doce desse rio que mesmo umas cinco ou seis léguas mar adentro se pode fazer aguada, e em algumas épocas do ano, como junho, julho e agosto, a água do rio sobe bastante. É preciso saber que toda essa costa, desde Cabo Frio até as Índias Ocidentais, é chamada de Nova Espanha. Lá há dois invernos e dois verões, e de Cabo Frio até o estreito de Magalhães há somente um inverno e um verão, como para nós aqui, que vivemos além do trópico estival em direção ao polo ártico. Mas para eles o sol está sempre ao norte ao meio-dia, de tal forma que, quando é pleno verão para nós, é Natal para eles e, quando é Natal para nós, é pleno verão para eles. E assim é para todos os que vivem ao sul do equador, até o polo antártico.

 Na costa de Santa Maria em direção a São Salvador há certas tribos de índios chamados beguás e chanés[30] que vivem da pesca e da caça, e estes não se comem uns aos outros. Contudo, desde São Salvador pelo rio Paraná há uma grande geração de índios chamada guarani, que é gente muito má, que está sempre guerreando nas suas fronteiras, e comem-se uns aos outros. Quando tomam um inimigo vivo, trazem-no para casa e, se o prisioneiro não for gordo, mantêm-no até que ele esteja pronto. Enquanto isso, cuidam bem dele e alimentam-no com as melhores carnes que conseguem obter e entregam-lhe uma de suas esposas para que cuide dele. O prisioneiro pode gozar dela sempre que quiser, mas fica amarrado a noite toda e vigiado para que não fuja. E todo dia ela o pinta e enfeita como se fosse seu próprio marido e o leva consigo preso a uma corda de algodão amarrada no pescoço, enquanto todos dançam, cantam e se divertem, e ele também, até que decidem que chegou a hora de matá-lo. Mandam avisar então a todos os seus parentes e amigos que naquele dia farão um banquete com o prisioneiro, e enquanto isso preparam bastante bebida feita de abati, do qual falei, e no dia marcado todo o povo vem para o banquete e eles cantam e dançam noite e dia, festejando com o prisioneiro, que é pintado e enfeitado da melhor maneira, e com essa bebida ficam bêbados como gambás. Então, no dia em que vão matá-lo, conduzem-no até uma fogueira preparada para ele, com uma corda feita de algodão em volta do pescoço, na qual amarram cinco ou seis outras cordas. Em volta dele colocam cabaças de barro pintadas e cheias d'água, e cada um dos parentes mais velhos toma uma das cordas amarradas no pescoço do prisioneiro. Levam-no até o meio daquele lugar e ficam em volta dele segurando as cordas. Então vem o filho de seu dono ou um jovem da família, pintado e todo enfeitado de penas, trazendo na mão uma espada de madeira dura como pau-brasil, que é do formato de uma palmatória como as que se usam nas escolas, também pintada e enfeitada de penas. Quando o prisioneiro vê todas as cabaças preparadas para ele, começa a vociferar e a correr em círculos, e, se consegue alcançar alguma das cabaças, derruba-a com o pé. Os que estão segurando as cordas puxam-no de um lado para outro, até que fica tão cansado que cai no chão. O rapaz com a espada de madeira golpeia-lhe a cabeça até que os miolos se espalhem, e, estando morto, cortam-no e retalham-no e o colocam nos potes para ferver. Então voltam a cantar e dançar, e só partem depois de o terem comido todo até a última migalha, e todos aqueles que conseguem um pedaço do prisioneiro ou um pouco da bebida se regozijam. O rapaz que o matou recebe um talho nas costas feito por seus amigos, com o dente afiado de um bicho ou um caniço, da altura do pescoço até o quadril. Sobre o corte colocam um certo pó escuro que nunca mais sairá,[31] e assim ele se torna um cavalheiro e tem o cabelo cortado na frente, e fica proibido de comer certos tipos de peixe e carne até que seu cabelo cresça de novo até a altura dos olhos. Pois aqui eles só se tornam importantes depois que matam um inimigo, e, quanto mais inimigos matam, mais são respeitados, e, a cada um que matam, recebem um novo talho nas costas, da mesma forma. Toda essa geração de guaranis espalha-se por um grande trecho do rio chegando até o rio do Santo Espírito,[32] que fica a sessenta léguas do rio de São Salvador. De lá para cima há várias tribos, como carcarás,[33] que são homens altos como alemães, e carandis,[34] timbus e chanés,[35] além de vários outros, até chegar a Santa Ana,[36] que deve estar a umas 180 léguas ou mais desde o rio do Santo Espírito. Essas tribos não se comem entre si como os guaranis, mas, quando aprisionam os guaranis, cortam suas cabeças e as espetam em estacas na beira do rio. E depois dessas tribos começa novamente uma terra de guaranis. Todos nessa terra são idólatras, alguns acreditam no diabo, que chamam *barti amian*, e em outras fantasias e aparições que eles veem. Tampouco têm escrita e facilmente abraçariam a fé em Cristo se fossem bem instruídos, mas seria difícil fazê-los abandonar seus modos bestiais, já que são inclinados à carne humana. Suas casas e habitações são como as dos índios de Santa Catarina, já mencionados.

Ao longo do rio Paraná há uma terra aprazível e plana, e boas florestas com vários tipos de árvore que estão sempre verdes, no inverno e no verão. Há muitos animais selvagens e um tipo estranho de carneiro,[37] além de avestruzes e grandes veados que os índios caçam de vários modos. Mas não usam cães, pois não os há nessa terra, exceto alguns mastins que trouxemos conosco da Espanha. Um de seus modos de caçar é assim: vão uns trezentos ou quatrocentos índios juntos até onde tenham avistado esses bichos pastando na planície, então se colocam entre os bichos e a montanha, cercando-os e deixando-lhes como única saída o rio. Em seguida cada homem ateia fogo ao mato seco, e os bichos, quando veem o fogo e a fumaça, saem de onde estão e correm em direção ao rio. Os índios seguem-nos até que quase cheguem à beira do rio, então os forçam com arcos e flechas a se lançarem na água, pois, se voltassem, seria muito difícil escaparem, e, quando eles já estão dentro d'água, dão com os índios a postos nas canoas, que os perseguem pelo rio e os matam com seus arcos e flechas.

Esse rio Paraná é incrivelmente largo e grande, pois, nas mais de trezentas léguas que o percorremos, o local mais estreito de uma margem à outra tinha duas ou três léguas de distância. Esse rio tem belas e agradáveis ilhas, por serem cheias de árvores de vários tipos com as folhas sempre verdes, e os galhos pendem sobre a água e muitos pássaros estranhos vêm aí fazer os seus ninhos. Numa das ilhas aonde chegamos, não havia nenhum outro pássaro a não ser garças-brancas. Quando desembarcamos, conseguimos capturar em menos de duas horas mais de mil delas, usando tábuas e varas, porque, em vez de fugirem, ficavam voando e piando sobre as nossas cabeças, e alguns cortaram com machados os galhos das árvores, derrubando ninhos com os filhotes, pois as árvores estavam cheias deles e sua carne é maravilhosamente gorda e deliciosa. E em outras ilhas por onde passamos não pudemos avistar nenhum pássaro exceto papagaios e pombos e um tipo de passarinho cujo corpo não passa da ponta de um polegar mas cujas penas coloridas são as mais lindas jamais vistas, cores que mudam à medida que se mexem como se fossem seda multicolorida.[38] Tomamos um deles vivo e o mantivemos numa gaiola, era muito manso e tinha um cheiro muito doce, feito almíscar, mas não viveu muito, pois não sabíamos como alimentá-lo ou cuidar dele. Depois que morreu, tiramos toda a pele bem rente, com a cabeça, os pés e as penas, o empalhamos com limo seco e o guardamos numa caixa, e a caixa ficou recendendo a um cheiro deliciosamente doce.

Esses pássaros fazem seus ninhos acima da água, em ramos bem pequenos, por medo de macacos ou outros perigos, pois, quando os macacos veem seus ninhos, sobem nas árvores, de galho em galho, e o ramo onde o pássaro faz seu ninho é tão frágil que o macaco não ousa pular em cima, pois se arriscaria a cair na água. Eis um mistério para se admirar e para louvar a Deus, que deu a um pássaro tão pequeno o conhecimento para se defender desses perigos. Também os papagaios fazem seus ninhos da seguinte maneira: a fêmea prefere pôr os ovos na ponta de um galho que tenha os espinhos mais agudos que encontrar, e lá ela faz um ninho bojudo, com uma parte comprida pendente, e todo fechado, pendurado na extremidade do galho, com um buraco lateral para que ela possa entrar e sair, mas o buraco em vez de reto é enviesado. Assim, quando o macaco chega ao ninho e vê o buraco, enfia a mão para agarrar os filhotes, mas o buraco é tão enviesado e cheio de espinhos afiados que ele não consegue realizar o seu intento, e, estando o ninho pendurado na ponta extrema do galho, qualquer vento o sacode, de modo que o macaco não consegue se agarrar nele.

Em outras ilhas vimos somente cormorões,[39] e a sua carne é boa e bem gordurosa e eles não têm o gosto rançoso dos cormorões daqui, pois se alimentam de peixes de água doce, que são os mais saborosos, gordurosos e doces que jamais vi. Há peixes que, ao serem postos para cozinhar na panela, deitam um monte de banha como carne de porco ou carneiro. Eles então recolhem a banha em tigelas e usam-na como se fosse manteiga, pois é tão gostosa quanto manteiga. Os índios lambuzam o próprio corpo com ela, porque faz muito bem à saúde, o que comprovamos nos nossos soldados doentes. E pode se fartar desse peixe, que não pesa no estômago, e, se for fritá-lo, não é necessário usar nem óleo nem manteiga, pois o próprio peixe é tão gorduroso que é preciso tirá-lo da gordura ou então não vai dourar. Esse peixe se chama *crymbaton*.[40]

Os índios também o pescam nos rios com arcos e flechas. Essa é a terra mais sã que já se viu, pois, quando chegamos, muitos de nós estavam doentes de vários males terríveis e de pústulas, e todos se recuperaram, já que o ar puro e os peixes de rio eram tão benéficos que nos restituíram a saúde, com a ajuda de Deus. Na parte ocidental desse rio, 150 léguas terra adentro em direção às montanhas, há uma serra ou morro onde dizem que há um rei que tem grande abundância de ouro e prata:[41] toda a louça que usa e os bancos onde senta são feitos de ouro e prata, e com os índios das margens desse rio conseguimos ouro e prata que as mulheres usam no peito, em volta dos braços e pernas, e na orelha. Essa terra e a terra do Peru,[42] que está na parte sul das que os espanhóis descobriram recentemente, são uma só, onde eles possuem enormes riquezas de ouro e prata.

Peripécias de um náufrago

Breve narrativa de Peter Carder, veterano da viagem de circum-navegação de Francis Drake, sobre os nove anos que passou no Brasil, parte deles entre os índios e parte em Salvador, Bahia.

Sua história foi relatada por ele mesmo à rainha Elisabete I, numa audiência especial em 1586, logo que Carder voltou à Inglaterra depois de suas aventuras pelas terras do Brasil. O depoimento veio a ser publicado em 1625 na coletânea de viagens organizada por Samuel Purchas, que, tudo indica, modificou e cortou significativamente o original.

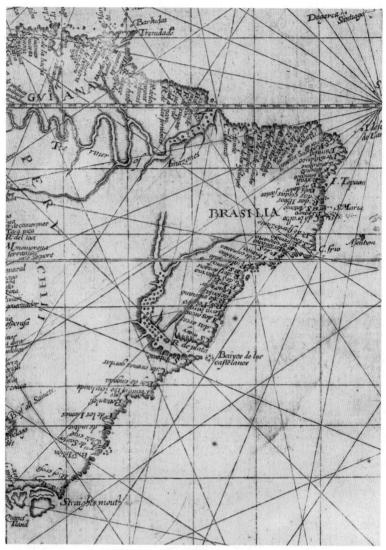

Detalhe de mapa das Américas da coletânea de viagens de Richard Hakluyt (1598), relacionado à circum-navegação de Francis Drake

RELATO DE PETER CARDER, DE SAINT VERIAN NA CORNUALHA A SETE MILHAS DE FALMOUTH, QUE FOI COM SIR FRANCIS EM SUA VIAGEM AO REDOR DO MUNDO, COMEÇADA NO ANO DE 1577. COM SETE OUTROS NUMA PINAÇA ABERTA OU CHALUPA DE CINCO TONELADAS COM OITO REMOS, SEPAROU-SE DA NAU CAPITÂNIA PELO MAU TEMPO NO MAR DO SUL EM OUTUBRO DE 1578. AO RETORNAREM PELO ESTREITO DE MAGALHÃES EM DIREÇÃO AO BRASIL, AFOGARAM-SE TODOS, MENOS ESTE ACIMA MENCIONADO, QUE MIRACULOSAMENTE RETORNOU À INGLATERRA NOVE ANOS DEPOIS, TENDO SOBREVIVIDO A MUITOS ESTRANHOS PERIGOS TANTO ENTRE SELVAGENS COMO ENTRE CRISTÃOS

Em 6 de setembro de 1578, Sir Francis Drake tinha acabado de atravessar o estreito de Magalhães, mas, impelido na direção sul do mar do Sul quando se achava na latitude de cinco graus e um terço, e passando todos os incidentes mencionados no relato da sua viagem, voltou em direção ao estreito. Em 8 de outubro perdemos de vista o *Elizabeth*, uma nau de nossa esquadra onde viajava o sr. John Winter,[1] que, pelo que soubemos mais tarde quando voltamos para a Inglaterra, voltou pelo estreito novamente, conforme o relato que existe publicado.[2] Pouco depois que se separaram de nós, nosso comandante[3] ordenou que oito homens preparassem nossa pequena pinaça, ou chalupa, e os nomes dos homens que nela foram são: eu mesmo, Peter Carder, já mencionado, Richard Burnish, de Londres, John Cottle e um outro, ambos empregados do sr. John Hawkins, Artyur, um trompetista holandês, Richard Joyner, empregado de Vincent Scoble, de Plymouth, Pasche Gidie, de Salt Ashe, e William Pitcher, de Londres.

Esse grupo foi instruído a auxiliar a nau em tudo o que lhe fosse necessário, mas durante a noite um súbito mau tempo fez com que a perdêssemos de vista, sem que tivéssemos a bordo mantimentos para mais de um dia, nem mapa ou bússola, somente oito remos. Embora tenhamos passado duas semanas procurando a nau e eles a nós, nunca mais conseguimos nos reencontrar. Apesar disso, dois dias depois de nos perdermos, conseguimos alcançar a costa e matamos a fome com mexilhões, ostras, caranguejos e um tipo de raiz selvagem. Duas semanas depois de nos perdermos dos outros barcos de nossa esquadra, resolvemos voltar ao estreito de Magalhães, e duas vezes desembarcamos no continente americano para procurarmos comida em algumas enseadas, onde achamos ostras, mexilhões e caranguejos como antes, e enchemos nossos barris com água fresca. Num desses lugares encontramos selvagens, mas eles fugiram de nós.

Depois chegamos a Penguin Island, no estreito, e lá salgamos e secamos muitos pinguins para nos mantermos. De lá seguimos em direção ao porto Saint Julian,[4] onde Sir Francis

Drake tinha decapitado o capitão Doughty não muitos meses antes.[5] Lá ficamos um ou dois dias, e pescamos com linha e anzol peixes como sargos e cavalinhas. E então, margeando a costa por uns quinze dias, e a umas cem léguas além do Rio da Prata, encontramos uma pequena ilha a três léguas do continente, cheia de focas, das quais matamos muitas para o nosso sustento, particularmente os filhotes, que achamos mais saborosos e comemos assados. Depois, passando ao lado norte do Rio da Prata, atracamos num pequeno rio e seis de nós fomos até a floresta, deixando os outros dois tomando conta do barco.

Enquanto buscávamos comida na floresta, uns sessenta ou setenta habitantes daquele lugar, chamados tupis,[6] vieram armados com arcos e flechas e começaram a atirar violentamente contra nós, ferindo-nos todos gravemente, além de levar quatro de nós com eles, que nunca mais recuperamos. Perseguiram os outros até a pinaça, ferindo-nos a todos, mas no fim conseguimos afugentá-los. De lá fomos para uma ilha umas três léguas mar adentro, não mais que uma légua segundo a bússola, onde tentamos tratar das feridas o melhor que pudemos. Contudo, dois dos nossos não resistiram aos ferimentos, que pioraram pela falta de socorro. Por causa do mau tempo nossa pinaça foi lançada contra as rochas e se espatifou. A essa altura, dos oito que éramos, só restavam vivos eu mesmo, Peter Carder, e William Pitcher.

Lá ficamos por dois meses. Durante todo esse tempo o que tínhamos para comer era uma fruta parecida com uma laranja que dava numas árvores altas, cujas folhas se pareciam um pouco com folhas de álamo, mas menores. Além disso, comíamos caranguejos brancos que se arrastavam pela areia e pequenas enguias que encontrávamos por baixo dela. Mas em toda a ilha não conseguimos achar nenhuma gota de água doce, a ponto de sermos forçados a beber nossa própria urina, que acumulávamos nuns potes quebrados que tínhamos retirado da pinaça, e ali a deixávamos a noite toda para esfriar, para poder bebê-la na manhã seguinte, mas, de tanto bebermos e novamente urinarmos, a urina foi ficando vermelha demais. Durante todo esse tempo não choveu, nem teríamos tido nenhum meio de coletar a água se tivesse chovido. Vendo-nos assim em tamanho aperto, planejamos um meio de chegar até a costa, e por sorte encontramos uma tábua de uns bons dez pés de comprimento que devia ter vindo desde o Rio da Prata. Nela amarramos outros pedaços de madeira com cipós e preparamos uma provisão da fruta que já mencionei, além de enguias e caranguejos, e nos encomendamos a Deus. Esperávamos contar com a ajuda da maré e de dois paus que usamos como remos para chegar até a costa, que ficava a umas três léguas de distância. No entanto, levamos três dias e duas noites até conseguirmos chegar ao continente.

Assim que chegamos à costa, encontramos um riacho de água bem doce e agradável, onde William Pitcher, meu único companheiro e consolo, movido pela extrema sede, bebeu água demais (embora eu tivesse tentado dissuadi-lo). Para minha inenarrável tristeza e sofrimento, dali a meia hora ele morreu diante de mim, e o enterrei o melhor que pude na areia.

No dia seguinte, enquanto caminhava pela praia em direção ao Brasil levando comigo minha espada e meu escudo, deparei-me com uns trinta selvagens da terra chamados tupinambás.[7] Eles vinham armados com arcos e flechas, traziam dois ou três grandes chocalhos com pedras dentro e um tipo de tamborete que usavam como tambor, e começaram a dançar diante de mim a mais ou menos um tiro de mosquete de distância. Depois pararam e penduraram uma rede de algodão branco na ponta de uns paus a uns quatro pés do chão e se distanciaram cerca de um tiro de mosquete. Então me aproximei, peguei a rede nas mãos, examinei-a e pendurei-a novamente, ao que muitos deles acenaram e me chamaram com as mãos, e gritavam para mim "*Iyorie, iyorie*", que é o mesmo que dizer "Venha cá", como depois aprendi durante a longa temporada em que vivi entre eles. Então me aproximei e eles me conduziram amigavelmente por cerca de meia milha, dançando por todo o caminho, tanto homens como mulheres, que eram umas oito, até que chegamos à beira de outro rio onde eles penduraram suas camas, amarrando-as aos troncos de árvores, feitas de um tipo de algodão branco trançado, que ficavam suspensas uns dois pés do chão, e fizeram fogo com dois gravetos, nos dois lados das suas camas, para se manterem aquecidos e espantar os animais selvagens. Depois de me darem aquilo que tinham para comer, descansamos ali aquela noite.

No dia seguinte cedo de manhã eles desamarraram e guardaram suas camas dizendo *"Tiasso, tiasso"*, que significa "Vamos, vamos", e caminharam naquele dia em direção ao Brasil por cerca de vinte milhas, até chegar à sua aldeia, onde ficava o seu principal chefe.[8] A aldeia estava construída em volta de uma praça quadrada, com somente quatro casas, cada uma tendo algo mais do que dois tiros de flecha de comprimento. As casas eram feitas com galhos de árvores pequenas, como um caramanchão, cobertas até o chão com folhas de palmeira. Elas não têm janelas, mas umas trinta ou quarenta portas em cada lado desse pavilhão, pelas quais cada família entra e sai. O seu chefe principal, cujo nome era Caiu,[9] um homem de uns quarenta anos, tinha nove esposas. Os outros, no entanto, têm somente uma esposa, exceto aqueles que são considerados mais valentes que os outros, que podem ter duas: uma para cuidar das crianças em casa e outra para ir à guerra com eles. Essa aldeia tinha cerca de 4 mil pessoas de todo tipo.[10] No dia seguinte, o chefe enviou vários do seu povo para sair e buscar todo tipo de alimento que a terra dá, para me oferecer e ver quais eu preferia: havia bastante peixe, de mar e de rio, muitos tipos de aves, muitos tipos de raízes e vários animais da terra, como tatus,[11] cuja carne depois vim a achar muito saborosa. De tudo isso eu de início só provei uma ave e uns dois peixes, e dividi o resto entre as crianças da aldeia, o que me fez conquistar sua simpatia.

Fiquei entre eles (sendo bem cuidado) por alguns meses, até ter aprendido a maior parte da sua língua. Durante esse curto tempo observei seus hábitos, que são os seguintes. Assim que cheguei, eles costumavam ir para a guerra armados somente com arcos e flechas, uns trezentos ou quatrocentos de cada vez. Quando derrotam o inimigo, amarram o braço de um dos prisioneiros ao braço de um dos da tribo com cordas de algodão bem apertadas, e o trazem para a aldeia. Após dois ou três dias eles o amarram a um poste, e um dos mais fortes dentre eles, depois de todos beberem uma espécie de bebida forte e dançarem em volta do prisioneiro, apanha um imenso bastão vermelho[12] e, com um golpe, arrebenta-lhe a cabeça.[13] Essa bebida é feita pelas mulheres de certa raiz chamada aipim,[14] que elas primeiro fervem, depois mastigam e então cospem numa vasilha comprida. Depois misturam água e deixam descansar por dois ou três dias, até que fermente, como cerveja.[15] Isso feito, elas retiram o sumo e colocam-no em jarros de barro cujo gargalo é largo, do qual bebem durante as suas festas tanto homens como mulheres, até ficarem bêbados como gambás.

Não pude observar religião alguma entre eles, mas somente que reverenciam e veneram a lua, especialmente a lua nova, quando então se alegram e pulam, dançam e batem palmas. As mercadorias comerciáveis dessa região são pau-brasil, tabaco, pimenta vermelha e algodão. Eles também têm muitos macacos, micos, tatus e porcos sem rabo, grandes como os nossos. Seus pássaros são papagaios, periquitos, aves negras do tamanho de pombos e avestruzes da altura de um homem. Depois de viver uns seis meses entre eles e aprender sua língua, o rei[16] pediu-me que fosse à guerra com ele contra seus inimigos, os tapuias,[17] o que aceitei. Mas, antes de partirmos, mostrei-lhes uma maneira de fazer uns escudos de mais ou menos três metros de comprimento com a casca de uma árvore para se defenderem das flechas, dos quais fizemos uns cem. Da mesma forma disse-lhes para fabricar uns duzentos porretes. Quando tudo estava pronto, avançamos; éramos ao todo uns setecentos. Seguindo meu conselho, todos foram marcados com um tipo vermelho de bálsamo do joelho para baixo numa das pernas, para que pudessem se diferenciar do inimigo. (A propósito, vale notar que há três tipos de bálsamo naquela região, quais sejam, branco, vermelho e preto, todos muito cheirosos e excelentes para curar feridas novas, sendo que eu considero o branco o melhor.) Em três dias de marcha chegamos a outra aldeia construída da mesma forma, mas menor. Atacamos a aldeia mais ou menos às quatro horas da manhã. O inimigo tentou se defender com flechas, no que foi frustrado por nossos escudos, seguidos de nossos porretes, de modo que logo derrubamos cerca de duzentos, enquanto o resto, exceto por uns vinte prisioneiros, fugiu para a floresta. O rei permaneceu ali por um dia, quando muitos corpos foram assados no carvão e depois comidos. A maior riqueza que achamos ali foram a bebida que usam para se embebedar, as camas de algodão e o tabaco. Quanto a ouro e prata, eles nem procuram nem dão valor algum. Vale notar que, quanto mais homens esses selvagens matam, mais furos eles têm no rosto, começando pelo lábio inferior, depois nas bochechas, em terceiro em ambas as sobrancelhas e por último nas orelhas. Aqueles vinte prisioneiros que trouxemos de volta para casa foram mais tarde mortos, assados e comidos.

Enquanto permaneci ali em meio a essa gente, alguns portugueses, acompanhados de alguns negros e brasileiros,[18] chegaram a umas dez léguas de nossa aldeia, para ver se conseguiam capturar algum dos nossos selvagens e saber o que acontecera comigo, pois já tinham ouvido falar que alguns da esquadra de Sir Francis Drake haviam dado na costa e estavam entre os selvagens. No entanto, a sua chegada foi logo percebida e dois dos portugueses e alguns dos negros foram capturados e, depois de terem confessado o motivo que os trouxera até ali, foram mortos com porretes, cozidos e devorados. Após esses acontecimentos, solicitei ao rei que me desse licença para sair de sua terra e ir até alguma ribeira do Brasil ainda não ocupada por portugueses, para ver se eu avistava um navio inglês ou francês que me levasse de volta a meu país, o que por fim ele acabou me concedendo. Enviou quatro dos seus comigo para fornir-me de mantimentos, o que eles fizeram em abundância — aves, peixes e raízes — durante cerca de nove ou dez semanas, que foi todo o tempo em que me acompanharam. Eu desejava seguir em direção à linha do equador, de modo que eles me conduziram até a cidade da Bahia de Todos os Santos.[19]

Mas, umas quatro ou cinco milhas antes de chegarmos à cidade, eu me entreguei a um português chamado Miguel Jonas,[20] dizendo a ele que eu era inglês e perguntando se havia ingleses vivendo na cidade. Ele me respondeu que havia na cidade um certo Antônio de Paiva que sabia falar bem inglês e que era muito amigo do nosso povo, e assim levou-me até sua casa. Esse Antônio de Paiva teve pena de mim e, recomendando que eu fingisse não entender português, levou-me até o governador, cujo nome era Diogo Vaz.[21] Esse governador disse, através de Antônio de Paiva, que havia se tornado meu intérprete, que, como eu tinha sido encontrado nas terras do rei de Portugal e era estrangeiro, o que era contra a lei, a ele só restava prender-me e mandar-me para Portugal para servir nas galés para o resto da vida. Aconselhado por meu bom amigo Antônio de Paiva, respondi que eu não tinha vindo a essas terras por vontade própria, mas que casualmente viera dar ali, e que, mesmo sem ter sido capturado, eu mesmo me colocara em suas mãos, depondo minhas armas aos pés de um português.

Mesmo assim ele me mandou para a prisão, onde, graças a Antônio de Paiva e a amigos seus, pude me manter, e duas semanas depois fui levado ao tribunal na prefeitura para me defender. Lá eu mais uma vez afirmei, através de meu intérprete Antônio de Paiva, que me parecia suficiente que, embora tivesse tido a chance de permanecer escondido, tinha escolhido viajar por longas distâncias — enfrentando grandes perigos para atravessar terras de selvagens comedores de homens que me permitiram ir em busca de portugueses cristãos — e, de vontade própria e pacificamente, eu tinha vindo colocar-me em suas mãos. Então o governador e seus assessores discutiram e concluíram juntos que eu deveria ser levado até a casa de Antônio de Paiva e lá ficar até que eles pudessem escrever consultando o rei de Portugal sobre o que fazer comigo. Um ano depois receberam uma resposta de Lisboa sobre o meu caso, e vinha decidido que eu devia ir para Portugal e que o rei enviaria futuras ordens determinando meu traslado para lá. No entanto, mais de dois anos se passaram até que essas ordens viessem. Durante esse período ocupei parte do meu tempo indo às plantações do meu amigo para supervisionar os negros e selvagens no plantio e preparo da cana-de-açúcar, no plantio de gengibre (que lá cresce excepcionalmente bem mas que não pode ser negociado para fora para não prejudicar outras regiões[22]), no corte e transporte de pau-brasil em balsas pelos rios até os navios de carga no porto. Também supervisionei a colheita e a estocagem do algodão, a retirada das sementes e a colheita de pimenta comprida, tanto da vermelha como da branca.

Após um ano e meio nessas atividades, meu amigo Antônio de Paiva, sabendo de minha experiência no mar e possuindo um pequeno barco que ele usava para transportar mercadorias de porto em porto e açúcar até os navios de carga, empregou-me nesses seus negócios. Nossa primeira viagem foi para Ilhéus, onde deixamos alguma mercadoria e ficamos um mês. Em seguida fomos para Porto Seguro e lá embarcamos açúcar em troca de linho, louro, vinho e azeite. Voltamos para casa e logo depois partimos novamente no mesmo barco para Espírito Santo, São Vicente e Rio de Janeiro, de onde, depois de descarregar nossas mercadorias para alguns feitores e carregar açúcar e algodão a bordo, voltamos para casa em segurança. Em minha primeira viagem, um cirurgião inglês chamado David Leake,[23] que havia se perdido naquelas terras vindo num navio inglês e era muito solicitado por causa de seus conhecimentos, foi conosco da Bahia até o Espírito Santo. Quando retornei de minha segunda viagem, meu bom amigo Antônio de Paiva avisou-me que uma nau chegaria em breve para levar-me prisioneiro a Portugal, dizendo que não mais poderia me ajudar e, portanto, recomendou-me que eu ficasse por minha conta e risco. Mesmo assim, gentilmente ofereceu-me ajuda para fugir. Levei seu barco e quatro de seus negros, fingindo ir pescar em alto-mar. Distanciei-me a sota--vento o mais que pude até chegar a Pernambuco. Lá os negros foram interrogados sobre de onde vínhamos e o motivo de nossa viagem, mas, como ignorassem completamente minhas intenções, responderam que tínhamos dado ali por causa do mau tempo. Assim, por respeito a seu dono, foram bem tratados e voltaram para casa com o vento seguinte, enquanto eu secretamente fiquei para trás.

Alguns meses depois veio uma urca com oito ingleses e catorze portugueses que passou uns três meses carregando mercadorias portuguesas e inglesas para retornar à Inglaterra. A mercadoria inglesa pertencia aos srs. Cordal, Beecher e Sadler,[24] honrados comerciantes da cidade de Londres, e tinha sido deixada no país pelo *Merchant Royal*.[25] Assim, quando seguíamos nosso curso para casa, na altura dos Açores e já próximos à ilha do Pico, nossas cinco naus portuguesas que iam juntas encontraram com o capitão Raymond e o capitão George Drake de Exeter, que vinham em dois navios de guerra. Eles ordenaram que nos entregássemos como presas de guerra, já que a paz entre a Inglaterra e a Espanha havia sido rompida no ano anterior,[26] o que fizemos sem oferecer resistência.

Todavia, o mau tempo nos levou a Baltimore na Irlanda, e pouco depois chegamos ao canal,[27] no porto de Chichester, no fim de novembro de 1586, nove anos e catorze dias após minha partida da Inglaterra com Sir Francis Drake em sua viagem ao redor do mundo.

Quando minhas estranhas aventuras e o longo tempo que vivi entre os cruéis selvagens chegaram ao conhecimento do mui honrado Lord Charles Howard, alto almirante da Inglaterra, ele imediatamente avisou à rainha, levando-me à sua presença em Whitehall. Lá, ela quis conversar comigo por uma hora inteira sobre meus contratempos e minha incrível fuga e também, entre outras coisas, sobre a forma como o sr. Doughty tinha sido executado. No fim deu-me 22 moedas, rogando a meu senhor que não se esquecesse de mim,[28] e com muitas palavras gentis fui despachado, agradecendo humildemente a Deus todo-poderoso por minha milagrosa sobrevivência e retorno seguro a meu país natal.

Um cativo inglês no Amazonas

Em 1608, William Davies, após uma temporada preso na Itália, embarca como cirurgião-barbeiro numa expedição financiada por Fernando I, o grão-duque da Toscana, com destino ao rio Amazonas. A frota que parte de Livorno tem o duplo intuito de encontrar riquezas minerais e verificar a possibilidade de estabelecer uma colônia na foz do rio, e termina por subir o Amazonas ao longo de 42 dias.

O livro que Davies publica em Londres, em 1614, Miserable Captiuitie of William Dauies, Barber-Surgion of London, oferece, além de uma descrição completa de suas peripécias, o único testemunho escrito da viagem toscana e valiosas descrições dos povos que viviam nas margens do rio.

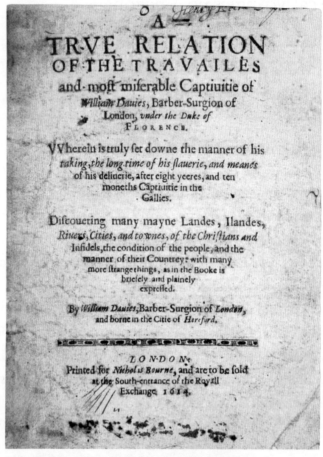

Folha de rosto do livro *A true relation of the travailes and most miserable captiuitie of William Dauies, Barber-Surgion of London, under the Duke of Florence*

RELATO VERDADEIRO DAS AGRURAS DE WILLIAM DAVIES, CI-RURGIÃO-BARBEIRO DE LONDRES, E DE SEU MUI TERRÍVEL CATIVEIRO PELO DUQUE DE FLORENÇA

Descrição e descoberta do rio das Amazonas

O rio das Amazonas fica na parte mais ao norte das Índias Ocidentais, acima da linha equinocial. Quem se aproximar desse rio, mesmo a quarenta léguas da costa, achará uma profundidade de oito, seis ou sete braças e verá o mar ficar avermelhado, e a água ficar doce. Com esses sinais poderá seguir adiante sem medo, pois, chegando à embocadura do rio, a profundidade aumenta e se veem árvores, mesmo antes de se avistar a margem, pois a terra é toda muito baixa, e não há mais do que três pés de altura de um lugar a outro, de modo que tudo se alaga na maré-cheia, sabe Deus por quantas centenas de léguas terra adentro. Muita água entra com a maré, que é bem violenta.

Permaneci nesse rio durante dez semanas, observando a gente e a terra: essa terra é toda cheia de matas, com todo tipo de bestas selvagens, como leões, ursos, lobos, leopardos, babuínos, estranhos javalis,[1] bugios, macacos, martas, saguis, micos, além de vários outros animais estranhos. Essas florestas são também cheias de aves selvagens de todo tipo, e há mais papagaios do que pombos na Inglaterra, e de carne tão boa quanto, pois muitas vezes comi dela. Essa terra também é cheia de rios, e cada rio tem o seu rei. Lá há muitas tempestades de raios, trovões e chuva, tão intensas que duram muitas vezes dezesseis ou dezoito horas num dia. Há muitos alagadiços nessa terra, que são cheios de crocodilos, iguanas,[2] e muitas outras serpentes aquáticas, e uma quantidade enorme de peixes estranhos. Essa terra é cheia de mosquitos,[3] que são pequenas moscas que atacam muito os estrangeiros que chegam à região.

O feitio, o modo e a natureza do povo são os seguintes: todos andam nus, tanto homens como mulheres, e não usam nem um fio de pano para cobrir mesmo um pouco da sua nudez. Os homens pegam um caniço do tamanho de uma vela de umas duas polegadas de comprimento por onde enfiam o prepúcio, amarrando-o com a casca de uma árvore mais ou menos da largura de um pequeno barbante, amarrando-o então na cintura, e o mantêm assim até quando necessitam dele. Em cada orelha usam uma ripa ou caniço, que enfiam por ela e que é do tamanho de uma pena de cisne com meia polegada de comprimento, e fazem o mesmo no lábio inferior. Da mesma forma penduram no ápice do nariz uma ripa onde está enfiada uma conta ou um botão, que, pendendo logo em frente à boca, fica balançando de um lado para outro enquanto falam, o que lhes causa grande orgulho e satisfação. Usam o cabelo longo aparado logo abaixo da orelha, e no topo da cabeça usam-no curto, ou me pareceu mesmo raspado, feito frades. Mas as mulheres não têm nenhum modo especial de se arrumar, andam completamente nuas como vieram ao mundo, com o cabelo longo pendendo da cabeça, e os peitos também bastante caídos, já que nunca os amarram ou contêm. Ambos, homens e mulheres, lambuzam o corpo com um tipo de terra vermelha para que os mosquitos ou moscas não os molestem.

Essa gente é muito engenhosa e habilidosa, e muito traiçoeira. São grandes corredores e arqueiros, os melhores que jamais vi, pois costumeiramente caçam aquilo que comem, ou seja: animais, aves e peixes. Seus arcos e flechas são da seguinte maneira: o arco tem mais ou menos seis pés de comprimento, e a flecha, sete pés. Os arcos são feitos de pau-brasil de maneira muito engenhosa, com a corda bem apertada e esticada feita da casca de uma árvore, a flecha é feita de uma ripa e sua ponta é uma espinha de peixe. Caçam da seguinte maneira: ficam atrás de uma árvore, miram no animal e, depois de atingi-lo, seguem-no como cães de caça até que ele caia, muitas vezes flechando-o de novo. Quanto às aves, por menores que sejam, eles nunca erram a mira. Quanto à pesca, vão andando pela beira d'água e, quando avistam um peixe dentro d'água, logo o flecham e de repente largam o arco e se lançam na água, nadando até a flecha, que puxam e trazem consigo de volta a terra com o peixe preso à ponta. Depois que cada um capturou a sua caça, seja ela carne, ave ou peixe, reúnem-se todos, uns cinquenta ou sessenta ao todo, e acendem o fogo da seguinte maneira: apanham dois galhos e esfregam-nos um contra o outro com força até que comecem a queimar, então fazem uma grande fogueira em que cada um cozinha o que trouxe, e assim comem sem pão nem sal, que não conhecem, ou nenhuma bebida exceto água ou tabaco.

    Nessa terra não encontramos nenhum ouro ou prata, mas sim muitas galinhas. Consegui trocar algumas por uma pequena trompa de metal, depois que recusaram dez xelins em dinheiro. Essa terra é cheia de frutas deliciosas, como pinhas, bananas, goiabas[4] e raízes de batatas, das quais eu poderia ter conseguido todo um carregamento em troca somente de um botão ou de uma conta de vidro. Suas moradias são da maneira seguinte: têm um tipo de rede, feita das ripas de uma árvore, que eles chamam *hamaca*, com três braças de comprimento e duas de largura, com as duas pontas amarradas, que são atadas a uma árvore, ficando a rede a cerca de uma jarda e meia do chão; portanto, sobem nela quando desejam dormir. Sabe-se quem é o rei de cada rio da seguinte forma: usa na cabeça uma coroa de penas de papagaio, de várias cores, e na cintura ou no pescoço leva uma corrente de dentes ou garras de leão, ou de algum outro animal estranho, empunha uma espada de madeira, e assim todos ficam sabendo quem é rei. Muitas vezes um rei luta contra outro na sua canoa, que é um barco cavado de um tronco inteiro de árvore, e, quando um captura o outro, os vencedores comem os prisioneiros. A essa altura já tinham se passado dez semanas e começamos a viagem de volta, mas não pelo mesmo caminho por onde viemos, pois navegamos pelo rio ao sabor do vento, já que ele sopra sempre numa direção, o que força todos os barcos que lá vão a voltar por um caminho diferente.

Posfácio

Sheila Hue e Vivien Kogut Lessa de Sá

Recém-casado com a filha de José Adorno, dono de engenhos na capitania de São Vicente e figura de relevo da elite colonial, o jovem inglês John Whithall escreve a um eminente mercador de Londres com o intuito de fazer uma proposta. O casamento com a filha do genovês radicado no Brasil parece ser a chance de sua vida:

> [...] junto com ela ganho em casamento parte de um engenho que ele possui que produz todo ano mil arrobas de açúcar. Lucrarei com esse casamento uns 2 mil ducados, pouco mais ou menos. Além disso, meu sogro, o sr. José Adorno, pretende deixar em minhas mãos todo o engenho com sessenta ou setenta escravos e assim fazer-me feitor por nós dois. Agradeço a Deus por conceder-me tanta honra e abundância em tudo.

O projeto é estabelecer uma rota comercial direta entre Santos e Londres, trocando manufaturas inglesas e produtos das Canárias (trazidos pelos ingleses) pelo açúcar e outras mercadorias do Brasil. De Santos, John Whithall redige uma lista com os itens que se deveriam enviar para serem vendidos na vila, a qual incluía artigos como linho, renda, cetins, seda de várias cores, fitas de veludo e maços de cordas para viola, entre outros. E faz uma ressalva: "Nesta terra, em vez de John Whithall, chamam-me João Leitão. Eles vêm usando esse nome há tanto tempo que agora só me resta mantê-lo. Quando me escrever, não se esqueça de endereçar a João Leitão".

Uma *joint venture* de comerciantes londrinos enviaria não só um navio carregado a Santos, o *Minion of London*, como também um presente ao novo senhor Leitão: uma cama, provida de baldaquim e outros acessórios luxuosos, que adentraria a vila, em 1581, juntamente com a diversificada tripulação do navio.

Os relatos ingleses sobre o Brasil escritos na fase inicial da colonização portuguesa, como o de John Whithall, são muitas vezes pautados pelo ponto de vista dos negócios, com uma objetividade prática e marcante. Contudo, surpreendem pelas observações a respeito da vida cotidiana, das relações interpessoais e das institucionais, que surgem mescladas em inventários de mercadorias, avaliações de preços, explanações sobre rotas comerciais, descrições de portos, vilas e litorais, e narrativas de interações dos mais variados tipos entre ingleses, colonos e povos indígenas em distintas regiões da colônia.

A viagem do *Minion of London* ao Brasil deixou três interessantes testemunhos: a carta de Whithall, a carta dos mercadores londrinos em resposta e o diário do agente comercial Thomas Grigges narrando os eventos ali passados. Nada ocorreu como planejado, a rota comercial Santos-Londres não foi estabelecida, mas os documentos que daí resultaram são uma janela para perscrutarmos a vida na colônia, seja nas cordas de viola, que revelam a prática musical, na seda e no veludo para a indumentária dos habitantes da vila, na *field bed* inglesa de João Leitão, seja na livre atuação dos agentes comerciais ingleses em Santos num período de proibição de comércio com estrangeiros.

Ao contrário dos conhecidos relatos dos franceses Jean de Léry e André Thevet, oriundos da experiência da França Antártica na baía de Guanabara, do alemão Hans Staden e daqueles escritos por portugueses, como os do senhor de engenho luso-baiano Gabriel Soares de Sousa e do jesuíta Fernão Cardim, que se estruturam como tratados descritivos da terra e dos povos, nos moldes clássicos que então regulavam esse tipo de discurso, os relatos ingleses sobre o Brasil no século XVI não constituem livros independentes e não foram pensados como obras autônomas. Na maior parte são trechos de volumes que englobam outras regiões ou ainda têm a forma de documentos, como cartas e depoimentos orais. Talvez por esse motivo tenham permanecido inéditos em português, com raríssimas exceções.[1] Muitos deles foram pela primeira vez publicados em duas grandes coletâneas inglesas de viagens, que perfazem cerca de 6 mil páginas impressas: *The Principall Navigations, Voiages and Discoveries of the English Nation*,[2] editada entre 1598 e 1600 pelo clérigo e diplomata Richard Hakluyt — um dos principais articuladores da colonização da América do Norte —, e *Hakluytus Posthumus or Purchas his Pilgrimes*,[3] em 1625, dividida em quatro volumes e compilada por Samuel Purchas, igualmente sacerdote da Igreja anglicana.

Os testemunhos das viagens inglesas ao Brasil do período resultam num *corpus* de aproximadamente 43 itens, com documentos escritos em gêneros distintos: cartas, diários, notícias, relatos de viagem, testemunhos, roteiros e demais categorias de textos, produzidos por 33 autores identificados — almirantes, capitães, marinheiros, cirurgiões, aventureiros, religiosos, pilotos, negociantes e outros membros das tripulações.[4] A partir deles é possível constatar cerca de dezenove viagens ao Brasil cuja documentação foi publicada em livros impressos. Esse conjunto nos revela como a fase inicial da expansão marítima inglesa, que redundaria no extenso e longevo Império Britânico, envolveu também a então remota colônia portuguesa na América.

Uma primeira interrogação se impõe: por que tais documentos, publicados em inglês, repercutiram tão pouco no Brasil? Apesar de tratarem da colônia e de se debruçarem sobre matérias várias, não encontraram a receptividade que os relatos de outras nações europeias alcançaram entre nós.

Com efeito, parece haver diferentes causas para tal ausência de acolhimento. Os ingleses, ao contrário de franceses e holandeses, nunca tiveram um projeto concreto de colonização do Brasil, tendo sua atuação no território, ao longo do século XVI, sido inconstante e irregular. Deve-se ainda levar em conta que alguns relatos não se centram apenas na colônia portuguesa, abrangendo igualmente a América espanhola. Outro fator envolvido recai na localização bibliográfica do material: grande parte desses documentos está, como dissemos, entre os milhares de páginas das coletâneas de Hakluyt e Purchas, que foram pouco difundidas no Brasil. Além disso, também como vimos, pesa a questão de que os relatos, na sua maioria, não foram escritos para se tornarem livros ou serem publicados.

Contudo, a causa principal para a parca difusão das narrativas inglesas tem a ver com a imagem que estas constroem de portugueses e colonos, retratados de forma muitas vezes depreciativa, em particular no período em que as relações políticas entre a Inglaterra e a Espanha resultaram numa guerra aberta. Quando a Coroa portuguesa é anexada pela espanhola em 1581, o Brasil entra na rota de fogo, ou seja, passa a ser visto como território inimigo pelos corsários ingleses, que conjugavam comércio a saque.

É dessa maneira que a narrativa sobre a pilhagem do porto do Recife, escrita por um mosqueteiro não identificado, qualifica os moradores do lugar: "patifes covardes". Dentre as muitas anedotas contidas no texto, uma é especialmente ilustrativa. Ao perguntarem a um índio como a população de Olinda estava enfrentando a invasão inglesa, este teria respondido, com uma gargalhada: "Estão todos se cagando". Mais poeticamente, um panfleto publicado em Londres relata que os habitantes locais correram dos ingleses "tão rápido como uma lebre fugindo de um ávido greyhound". A respeito de uma das batalhas entre ingleses e a população da capitania, o narrador registra: "Nossos homens [...] com tiros [...] os mataram feito cães".

As tintas carregadas dessa pintura certamente influíram para que tais relatos não tenham sido traduzidos e recuperados no importante movimento de publicação e resgate de fontes para a história do Brasil, entre a segunda metade do século xix e o princípio do xx, capitaneado pelo Instituto Histórico e Geográfico Brasileiro, sob o patrocínio de d. Pedro ii, e pela Academia de Ciências de Lisboa. Foi nessa época que pela primeira vez se imprimiram a carta de Pero Vaz de Caminha, os livros de Pero de Magalhães Gândavo, de Gabriel Soares de

Sousa e de Fernão Cardim, e se traduziram as obras de Jean de Léry, André Thevet e Hans Staden, que, juntas, estabeleceram um cânone e contribuíram para modelar a nossa compreensão sobre os primórdios da história da colônia portuguesa. Nesse movimento de edição e recuperação de relatos acerca do Brasil, apenas um inglês, o aventureiro Anthony Knivet, teve seu livro redescoberto e publicado, não conquistando, contudo, recepção igual à das obras citadas. No livro de memórias de Knivet,[5] em que ele conta suas aventuras durante os cerca de dez anos passados no Brasil, encontramos uma frase emblemática das relações entre ingleses e colonos. Diante de um impasse (permanecer com os portugueses ou seguir com os índios), o jovem inglês manifesta as convicções políticas de sua nação: "Preferi colocar-me nas mãos da piedade bárbara dos selvagens devoradores de homens à crueldade sanguinária dos portugueses cristãos". Por seu lado, as narrativas portuguesas qualificam os ingleses de hereges, saqueadores de igrejas e destruidores de imagens sacras. Esse era o tom que marcava as relações, na segunda metade do século XVI, entre a Coroa inglesa e as ibéricas, antagonismo que ricocheteou no Brasil.

Do conjunto de 43 relatos ingleses conhecidos, publicam-se neste livro doze narrativas — as de leitura mais fluente e de maior interesse para a história do Brasil. Seja quanto à linguagem, ao gênero ou à extensão, são extremamente heterogêneas. Foram compostas por homens de diferentes níveis culturais e sociais: navegadores, geógrafos, marinheiros, soldados, um cirurgião-barbeiro e, sobretudo, por mercadores. Espraiam-se por distintos formatos discursivos: cartas, notícias, relatórios, depoimentos à Justiça, obras de geografia, diários de bordo, relatos de viagem. Algumas nem sequer foram escritas, depoimentos orais posteriormente transformados em texto, como a narrativa sobre a viagem do *Barbara of London* e o relato do mercador Thomas Turner, este último obtido em entrevista pelo próprio editor, Samuel Purchas. Três autores são veteranos da viagem de circum-navegação de Francis Drake, realizada entre 1577 e 1580: o agente comercial Thomas Grigges, o mercador John Sarracoll e o náufrago Peter Carder.

As viagens inglesas ao Brasil no século XVI podem ser divididas em três períodos. Um primeiro, de reconhecimento geográfico; uma segunda fase de comércio com os ameríndios; e um terceiro período, que se inicia com uma tentativa de comércio com os colonos — o *Minion of London* em Santos — e prossegue com viagens de corso e atos de pirataria. O primeiro período, quando os ingleses ainda começavam a conhecer as rotas marítimas, pauta-se pela aventura do descobrimento. A representante central dessa etapa é a fascinante narrativa de Roger Barlow, o primeiro inglês a escrever uma obra geográfica sobre o chamado Novo Mundo. A segunda fase, antes da eclosão da guerra aberta entre Inglaterra e Espanha, caracteriza-se pelas viagens comerciais, como as de William Hawkins. O terceiro período se inaugura em 1581, após a morte do rei português d. Sebastião em Alcácer-Quibir, em 1578, e a crise dinástica do reino, que culmina com a vitória do rei espanhol Filipe II sobre o pretendente ao trono de Portugal, d. Antônio — apoiado pela rainha Elisabete I. A expansão marítima e comercial inglesa, protestante, colide frontalmente com o império católico de Filipe II, que passa a incluir o Brasil, e o conflito aberto instala-se a partir de 1585, com batalhas navais e expedições de corso. Mercadores ingleses, diante de rotas comerciais fechadas pela guerra, põem-se a atuar também como corsários. Esse período, quando o Brasil era o maior produtor de açúcar do planeta, é marcado por empresas francamente piráticas, contadas em vívidos relatos de conquistas, ataques, saques e batalhas, de que são exemplos aqueles acerca da pilhagem do Recife, por James Lancaster, e do assalto à Bahia por uma frota armada pelo conde de Cumberland.

Numa época em que as principais presas dos corsários ingleses eram navios carregados de açúcar do Brasil, não era incomum, ao sair da colônia portuguesa com destino a Portugal, ou vice-versa, cair nas mãos dos "hereges" elisabetanos. Como aconteceu aos jesuítas Fernão Cardim e Francisco Soares, e também a uma série de colonos do Brasil que, depois de sequestrados pelos ingleses, foram interrogados pela Inquisição portuguesa, interessada em saber como se comportaram a bordo dos navios inimigos. Participar das missas "luteranas" nesses navios ou ler livros ingleses do mesmo teor podiam valer processos e prisões por "luteranismo". Os ingleses, por sua vez, em certos casos, desertaram de suas próprias frotas para tentar a vida no Brasil, alguns com muito sucesso, como o médico David Leake, que encontramos de relance em duas das narrativas aqui reunidas.

Este conjunto de narrativas evidencia uma imagem projetada por um olhar estrangeiro por vezes maravilhado com o inédito e por vezes vincado pela polaridade política e religiosa, em que se pode observar um Brasil em formação, dinâmico, mutante e contraditório, na visão de corsários, mercadores e aventureiros ingleses em busca de oportunidade, comércio e lucro.

A GEOGRAFIA DE ROGER BARLOW

A primeira viagem ao Brasil com a participação de ingleses se dá durante o período em que a Inglaterra ainda não possuía os conhecimentos de navegação e geografia adquiridos por portugueses e espanhóis. Como demonstram os registros da atividade comercial de ingleses instalados em Sanlúcar de Barrameda e em Sevilha,[6] estes se associaram a viagens espanholas para prospectar as novas rotas e os territórios então sob o domínio das Coroas ibéricas. Essa cooperação entraria em declínio em 1529, ano do divórcio entre Henrique VIII e a espanhola Catarina, quando muitos dos comerciantes ingleses estabelecidos na Andaluzia voltaram para a Inglaterra.

Em 1526, numa associação de capitais espanhóis e ingleses, e com o envolvimento do imperador Carlos V, sai de Sanlúcar de Barrameda uma frota de cinco embarcações, levando cerca de duzentos tripulantes, comandada por Sebastião Caboto — provavelmente nascido em Veneza mas cuja nacionalidade inglesa é invocada com frequência em documentos da época —, com o objetivo de atingir as *Spice Ilands*, ou seja, as Molucas. No entanto, a viagem se estendeu até 1530, e se concentrou na exploração do Rio da Prata e do rio Paraná.

A mudança de planos, contrariando os interesses dos investidores, acontece depois das longas temporadas que a frota passou em Pernambuco e em Santa Catarina, onde Caboto recebeu informações sobre as riquezas do Rio da Prata. Segundo dois remanescentes da viagem de Juan de Solís ao território inexplorado, ocorrida em 1516, Caboto encheria seus navios de ouro e prata se subisse o rio e conseguisse atingir a montanha de prata e o "rei branco". Sua frota ruma então para o Rio da Prata, e prossegue em viagens de exploração pelos rios Paraná e Uruguai, atingindo o rio Paraguai e entrando em contato com distintos grupos indígenas que viviam na região. Não localizam a serra nem o rei, mas afirmam ter visto guaranis com brincos e pendentes de ouro e prata, obtidos de povos das encostas dos Andes, e acreditam estar no caminho do Eldorado.

A bordo dessa frota iam dois ingleses, emissários de Robert Thorne, influente mercador radicado em Sevilha: Roger Barlow, que escreveria a *Brief Summe of Geographie*, e o piloto Henry Patimer. Homens "versados em cosmografia", como disse um contemporâneo deles. Ambos tinham uma missão, aprender a navegar nos mares das *Spice Ilands*, trazer uma relação e um mapa das terras visitadas, e localizar geograficamente a posição das ditas ilhas. O objetivo da viagem, entretanto, não se cumpriu, e Caboto voltou para a Espanha em 1530 com duas naus, 24 homens e grandes prejuízos para os investidores. Barlow retornou antes à Europa, em 1528.

Do ponto de vista da cultura da Renascença, todavia, a viagem foi extremamente bem-sucedida. A bordo de seus navios iam pelo menos três homens que, fora os interesses comerciais, estavam envolvidos na produção de conhecimento. Além de Roger Barlow, integravam a frota o espanhol Luis Ramírez, que escreve em 1528 uma extensa carta descritiva sobre a viagem, e o futuro cosmógrafo real da Espanha, Alonso de Santa Cruz, que ofertaria ao rei o *Islario general de todas las islas del mundo*, em que se acham detalhados roteiros geográficos e mapas aquarelados das regiões que conheceu ao lado de Caboto.

Em 1541, mais de dez anos após seu retorno, Roger Barlow oferece ao rei Henrique VIII o manuscrito da *Brief Summe of Geographie*, também conhecida como *Geografia Barlow*, uma tradução-adaptação — como se costumava fazer na época — da *Suma de Geographia*, do espanhol Martín Fernández de Enciso, de 1519. O Brasil surge na descrição da "quarta parte do mundo", trecho em que Barlow insere as suas próprias observações e experiências ao descer o litoral brasileiro e explorar os rios da bacia do Prata.

A *Geografia Barlow* só veio a ser impressa em 1932,[7] quase quatrocentos anos depois de escrita, pela historiadora Eva G. R. Taylor, que editou o manuscrito original. Nele se encontra uma das primeiras descrições do território brasileiro, anterior ao livro de Hans Staden, às cartas jesuíticas e às obras de outros cronistas do século XVI. Pouco conhecido entre nós, o livro não foi localizado em bibliotecas do Brasil e não teve edições em português.

Barlow pertencia à comunidade de mercadores ingleses instalados em Sevilha. Contudo, ao compor a sua *Geografia* inglesa, absorvendo aquela escrita pelo espanhol Enciso — num momento em que a Inglaterra projetava ser uma "nova Espanha"[8] —, demonstra ser também um homem culto, um humanista. Como tal, ao redigir sua obra, estabelece diálogos com os livros clássicos de sua época, incorporando, como se costumava fazer, dados sobre povos e lugares remotos descritos por

Heródoto e Plínio, e aplicando-os à descrição do Novo Mundo.[9] É assim que, ao lado de observações visivelmente saídas de sua própria experiência de viagem, figuram lugares-comuns letrados, como os homens que vivem 120 anos — os da bacia do Prata imitando, por assim dizer, os etíopes das *Histórias* de Heródoto, livro de cabeceira dos "cosmógrafos" contemporâneos de Barlow.

"Nessa terra vivem até 120 ou 130 anos", diz Barlow em sua redação erudita sobre a bacia do Prata, para em seguida descrever os povos "biguais", "charnais" e os "carandis", também observados e descritos por seus companheiros de viagem Luis Ramírez e Alonso de Santa Cruz. Os pontos de contato entre as três obras originadas da viagem ou dela devedoras — a *Geografia Barlow*, o *Islario general* e a carta de Ramírez — balizam o que deve ter sido realmente fruto de observação direta ou de informações recolhidas no local.

Nas narrativas sobre o chamado Novo Mundo não podiam faltar relatos de maravilhas, animais extraordinários e demais peculiaridades das remotas regiões que começavam a ser conhecidas e descritas pelos europeus. E era esse olhar aguçado para o estranho e o notável que guiava a escrita de autores como Barlow, como se pode observar no seguinte trecho:

> Seria necessário todo um livro só para descrever os tipos estranhos de peixes que se encontram nessa costa e também os

estranhos animais e aves da terra, pois há alguns peixes parecidos com homens e mulheres, e alguns parecidos com cavalos, e alguns com coelhos, e alguns são semelhantes aos sapatos altos usados pelas mulheres na Espanha e estes são muito venenosos.

Alonso de Santa Cruz, o cosmógrafo real, seu companheiro de expedição, faz observação análoga: "Soubemos também pelos portugueses que estavam na feitoria [de Pernambuco] que disseram haver mesmo peixes em forma de cavalos e as pernas curtas e altas para nadar como lobo-marinho ou como manati".[10]

O encontro entre as experiências da viagem, o olhar aguçado para o maravilhoso e a imitação de livros clássicos como os de Heródoto e Plínio resultaram numa curiosa obra, com um encanto especial também no que se refere ao inglês em que foi redigido:

> *Ther is plenty wylde beastes as wylde dere and falowe and mountayne hogges, and divers other straunge bestes of good mete and savour and greete plentie of foules as popingais of dyvers sortes, grete partriches, pecockys, duckys and herings and divers other straunge byrdes, and grete plentie or fyshe which thei kyll with arowis in the water, for to reherse the straunge sort of fyshes that be upon this coste and also the straunge beastes and foules of the lond it wold be a worke for to make another boke therof.*[11]

O NAVEGADOR WILLIAM HAWKINS

Após a fase inicial de descobrimento, os relatos ingleses refletem interações comerciais com os povos indígenas do litoral. Richard Hakluyt inclui nas duas edições de suas *Principall Navigations*[12] uma breve notícia sobre as viagens realizadas na década de 1530 por William Hawkins, respeitado fundador de uma dinastia de navegadores. Redigida pelo próprio Hakluyt a partir de um relato oral de John Hawkins, filho de William, cinquenta anos mais tarde, a notícia visava a provar que os ingleses desde épocas recuadas já estavam em contato e comerciando com o litoral do Brasil. Hakluyt foi um dos principais articuladores da instalação da colônia inglesa na Costa Leste norte-americana, a Virgínia, e durante um período acalentou o projeto de estabelecer entrepostos ingleses ao longo do litoral brasileiro e colônias em São Vicente (atual estado de São Paulo) e no estreito de Magalhães, como escreveu num panfleto que circulou no início dos anos 1580 na corte de Elisabete I.[13] A notícia das viagens de Hawkins ao Brasil, dessa forma, funcionava como justificativa política do interesse inglês na América do Sul. A coletânea *Principall Navigations* era não apenas um livro, mas uma ação efetiva para legitimar o direito inglês aos mares, rotas e territórios então divididos, com o apoio da Igreja católica, entre espanhóis e portugueses.

Particularmente interessante é a anedota sobre o "rei" indígena levado à Inglaterra e apresentado ao rei inglês Henrique VIII em Whitehall. Tais anedotas eram uma estratégia discursiva empregada para autenticar as narrativas de viagem, emprestar veracidade ao relato, e esta em específico serve para representar as relações amistosas entre os povos indígenas e os ingleses em busca de comércio, representações que ocorrem constantemente nos relatos e que procuram alimentar a ideia de que os povos nativos preferiam os ingleses aos *"bloody Spaniards"*. O arremate da anedota é emblemático: o rei indígena morre a bordo durante a viagem de volta ao Brasil, mas seu povo, convencido da honestidade de Hawkins, devolve o inglês, que ficara como garantia, conta Hakluyt.

Segundo Kenneth R. Andrews, William Hawkins fez outras viagens além das mencionadas por Hakluyt em *Principall Navigations*. Em 1536, pediu ao rei que o apoiasse com a quantia de 2 mil libras para uma nova viagem com destino à colônia portuguesa, e em 1540 a alfândega de Plymouth registra a entrada de mercadorias trazidas no navio *Paul of Plimouth*, contabilizando cem quilos de marfim e 92 toneladas de pau-brasil,[14] produtos da rota comercial que conectava a Guiné e o Brasil nessa fase das viagens inglesas à América do Sul.

A VIAGEM DO *BARBARA OF LONDON* EM 1540

As coletâneas de Richard Hakluyt e Samuel Purchas, empenhadas em erigir uma imagem do nascente Império Britânico e criar uma identidade nacional ligada à expansão marítima e comercial, não incluíram documentos oriundos da malsucedida viagem do *Barbara*, navio que partiu de Plymouth com a intenção de negociar com os povos nativos do litoral norte e nordeste do Brasil, como costumavam fazer nesse mesmo período naus francesas, especialmente da Normandia. Entre as décadas de 1530 e 1540, navios ingleses também frequentaram o litoral da colônia portuguesa, conforme registram documentos de processos movidos na Alta Corte do Almirantado, em Londres. Um dos depoimentos mais interessantes é o do agente comercial John Wardall sobre a viagem do *Barbara*, que atacou navios espanhóis a caminho do Brasil e ainda, na volta para a Inglaterra, passou pelo Caribe, onde apresou o *Santa Barbara de Sevilha*, ação que provocou a instauração do processo.[15] Como o *Barbara of London* sofreu avarias graves, a tripulação e as mercadorias foram trasladadas para a nau espanhola, a bordo da qual chegaram os treze sobreviventes da atribulada viagem, trazendo carregamento de açúcar e algum ouro, em agosto de 1540.

Armado por três mercadores de Plymouth, John Chaundler, John Preston e Richard Glaysner, e comandado por John Philips, o navio parte em 7 de março de 1540, com tripulação de cem homens, entre os quais cerca de doze franceses, que provavelmente eram intérpretes com experiência entre os índios, sendo um deles um piloto versado no litoral brasileiro. Era um empreendimento marítimo que unia comércio e corso, conjugando saque de naus espanholas a tráfico com os ameríndios da colônia portuguesa. O *Barbara*, depois de ter dificuldades para achar um porto onde conseguisse carregar pau-brasil, passa um mês numa região que o piloto francês diz conhecer bem, um lugar chamado Canibales, *Callybalde* ou *Kennyballes*. Alguns mapas franceses contemporâneos à viagem localizam a região Canibales no litoral norte, e um dos ingleses que depuseram no processo nomeia os índios do local de *Kennyballes* e relata ter visto um de seus companheiros ser devorado. Não era o Brasil para inglês ver do clérigo diplomata Richard Hakluyt e de sua edificante anedota do "venerável" William Hawkins e seus amigos indígenas.

Os testemunhos colhidos na Alta Corte do Almirantado, publicados por Reginald G. Marsden em 1909, foram registrados numa linguagem corriqueira, muitas vezes confusa e pouco organizada, pois resultam da transcrição de um depoimento oral, como podemos observar no trecho aqui publicado do relato de John Wardall, o mais legível e concatenado deles. Em todos, entretanto, sobressai o desconhecimento da costa brasileira pelos ingleses, que contavam com a colaboração de intérpretes e pilotos franceses para atingir seu objetivo.

PETER CARDER E SUAS AVENTURAS ABREVIADAS

O jovem marinheiro que partiu de Londres em 1577 na frota de Francis Drake para dar a volta ao mundo acabou por ser recompensado pela rainha Elisabete, que o recebeu pessoalmente após seu retorno à Inglaterra em 1586, não por algum serviço prestado no mar, e sim por seu depoimento oral a respeito dos nove anos que passou no Brasil. O testemunho dado à monarca foi transformado em texto e depois publicado, numa forma bastante abreviada e diferente da original, por Samuel Purchas. Desconhece-se o manuscrito utilizado por Purchas, mas sabemos de sua opinião sobre o relato de Carder, que considerava tão interessante quanto o livro de memórias de Anthony Knivet,[16] que também consta em sua coletânea de viagens de 1625 numa forma igualmente confusa porém menos abreviada. Diz Purchas, acerca dos dois sobreviventes de longas temporadas no Brasil, que "não se comparam a nenhum outro inglês tendo em vista as raras aventuras, infortúnios, e diversos sofrimentos sucessivos passados naquelas terras selvagens e com os selvagens habitantes do Brasil...".[17] Como bem observou Lisa Voigt, tanto Carder como Purchas pelo visto pensaram que enfatizar o sofrimento fosse mais proveitoso para promover a narrativa do que sublinhar o bom tratamento dispensado, eventualmente, por índios e portugueses.[18]

Além do foco nas aventuras — aparentadas às do *Lazarillo de Tormes* espanhol —, o tom predominante é o do maravilhoso, do estranho e nunca visto, na medida para satisfazer um público europeu ávido pelas novidades do chamado Novo Mundo, conjugando relato de viagem, novela pícara e informações comerciais. A narrativa das peripécias de Peter Carder, contadas em ritmo acelerado e sincopado, resulta numa história em que o factual e o ficcional estão juntos e não são excludentes. Como a coletânea de Purchas teve várias impressões e foi muito lida por gerações de ingleses cultos, certamente inspirou romances e novelas de aventuras, entre eles o *Robinson Crusoé*.

Parte das incongruências do relato deriva da intervenção editorial de Purchas, que resume em poucas páginas nove anos de aventuras, acarretando saltos abruptos no tempo e no espaço da narrativa. Entretanto, e apesar de já ter sido acusado de meramente copiar trechos de viajantes contemporâneos, o texto de Carder traz descrições etnográficas singulares e revela o funcionamento do comércio interno entre as capitanias, além de familiarizar o leitor com as diversificadas atividades econômicas de um senhor de engenho da Bahia, Antônio de Paiva, que empregou o náufrago inglês durante sua longa temporada em Salvador.

O pouco que sabemos de Peter Carder está em seu relato. Ele teria nascido em Saint Verian, vila litorânea na Cornualha, como indica Purchas no título da narrativa, e tinha experiência nas artes do mar e nas da guerra, pois, assim como seu conterrâneo Anthony Knivet, diz ter ensinado técnicas de batalha aos ameríndios com os quais viveu. No Brasil, como empregado de Antônio de Paiva, participou ativamente do comércio marítimo entre as capitanias, trazendo mercadorias europeias para serem trocadas por açúcar. Carder foi o único sobrevivente de um grupo que se perdeu da frota de Francis Drake no estreito de Magalhães e, contra todos os prognósticos, conseguiu voltar à Inglaterra, onde narrou suas aventuras. As palavras publicadas por Purchas são os traços que restaram de seu depoimento oral.

O *MINION OF LONDON* EM SANTOS E NA BAHIA

Apesar da proibição do comércio com estrangeiros, o navio enviado por uma *joint venture* de eminentes mercadores londrinos a Santos, vila da capitania de São Vicente, passou seis meses ancorado fazendo negócios. Os empreendimentos dos altos funcionários coloniais, como Jerônimo Leitão, capitão-mor de Santos por vinte anos, um dos fundadores da capitania e liderança política na região, parecem suplantar as determinações régias. José Adorno e seu genro inglês confiavam que teriam uma grande produção de açúcar para escoar todo ano para a Inglaterra, com a concordância do capitão-mor e de outras autoridades coloniais. Os mercadores londrinos envolvidos no pioneiro empreendimento marítimo, por seu turno, tinham vasta experiência no comércio ibérico, estavam estendendo seus negócios para a Turquia e o Marrocos, e buscavam também abrir caminho para o continente americano; enxergavam no Brasil um novo mercado a explorar, e pretendiam ir diretamente ao açúcar, pelas costas dos portugueses.[19]

Um tratado de comércio firmado em 1576 entre Portugal e Inglaterra permitia aos ingleses negociar no continente europeu, na Madeira e nos Açores, e em nenhuma outra possessão portuguesa.[20] Quando o *Minion of London* chega a Santos, o embaixador espanhol em Londres, d. Bernardino de Mendoza, observa, em carta ao rei Filipe II, que os oficiais dos portos deveriam ser lembrados do "contrato que a Coroa de Portugal no tempo del rei d. Sebastião fez com esta [Coroa] proibindo os ingleses de ir à costa do Brasil".[21]

O fato de as autoridades de Santos terem recebido o navio comercial inglês exasperou aquele embaixador, que aconselhou Filipe II, rei da Espanha, de Portugal e do Brasil:

> Convém ordenar imediatamente aos governadores daquela costa de que se chegar navio estrangeiro a ela, não somente não lhe deem comércio como procurem de todas as maneiras

pô-lo a pique, sem deixar homem algum com vida, porque se lhe for dado outro tratamento não será possível, como tenho escrito a v.m. diversas vezes, impedir-lhes a navegação nem atalhar-lhes o passo.²²

A viagem do *Minion* acontece justamente num momento de transformação geopolítica, que viria a afetar a colônia portuguesa. Quando o navio inglês chega a Santos, Portugal perde sua autonomia e é conquistado por Filipe II. Com essa nova configuração política, o antagonismo entre os reinos da Espanha e da Inglaterra, que logo evoluiria para guerra aberta, se estende ao Brasil. No terreno da religião também havia uma fissura a dividir a Europa. Os ingleses, enquanto protestantes, eram vistos nos reinos ibéricos como hereges e inimigos dos católicos.

O principal empecilho que os estrangeiros do *Minion of London* enfrentaram em Santos foi anteposto pela Igreja católica. Avisado pelos padres locais, o "administrador eclesiástico" dos jesuítas, Bartolomeu Simões Pereira, prelado do Rio de Janeiro, cuja jurisdição incluía a capitania de São Vicente, proibiu, por carta, que os ingleses entrassem na igreja ou no cemitério, onde queriam enterrar um marinheiro que se afogara. O administrador havia recentemente expulsado corsários franceses do Rio, como relata o padre José de Anchieta numa carta, e talvez por isso, ao saber dos ingleses em Santos, dirigiu-se para lá, provocando a partida apressada do navio, em meados de junho de 1581. O *Minion* rumou então para a Bahia, para onde já tinham ido dois de seus homens sondar as oportunidades de negócios junto ao irmão de José Adorno, Paulo Dias Adorno. Lá permaneceu por mais seis meses, comerciando o restante das mercadorias em Salvador, sem que se registrassem oposições dos altos funcionários da Coroa ou da elite colonial.

O diário do agente comercial Thomas Grigges publicado por Hakluyt não inclui o período da viagem passado na Bahia. Sabe-se dessa estadia em Salvador graças aos depoimentos colhidos num processo judicial na Alta Corte do Almirantado em Londres, junto aos integrantes da frota, em 1582, para apurar desavenças financeiras ocasionadas pelos eventos sucedidos na segunda parte da viagem. Nas *Principall Navigations*, como já observamos, Hakluyt publica as cartas de John Whithall e dos mercadores ingleses, além da narrativa de Thomas Grigges. Nesses três documentos, um dos elementos mais destacados na edição de Hakluyt, e que visava a seu leitor inglês, são as minas de ouro que, segundo Whithall e outros colonos, haviam sido descobertas na capitania de São Vicente, situada, conforme se acreditava, nas proximidades das ricas terras do Peru. Os dados sobre a possível exploração de salitre também tornavam a região interessante para os mercadores ingleses. O foco em Santos e a exclusão da Bahia nos textos contidos na coletânea de viagens inglesa refletem os projetos políticos de Hakluyt e a imagem da capitania de São Vicente que queria passar a seus leitores.

    Os documentos publicados por Hakluyt não registram um acontecimento peculiar ocorrido na Bahia. O piloto Edward Cliffe abandonou o navio para se juntar à Companhia de Jesus, fato que chegou aos ouvidos de d. Bernardino de Mendoza, o já citado embaixador espanhol em Londres. Segundo uma carta deste a Filipe II, foram vários os desertores: "Favoravelmente impressionados com a terra, resolveram se apropriar de alguma mercadoria e estabelecer-se lá".[23] Entre eles estava o cirurgião inglês David Leake — também presente no relato de Peter Carder —, que viria a ser um profissional requisitado pela elite colonial de diversas capitanias. Em Salvador, as relações entre o noviço inglês jesuíta e o bispo parecem ter se tornado muito próximas, de acordo com os homens que posteriormente testemunharam no processo. Seguiram-se, na mesma cidade, ameaças da Inquisição contra os "hereges", o que resultou na prisão de alguns ingleses que estavam em terra, levando o *Minion* a abandonar o porto, de novo às pressas e entre tiros de canhão, sem concluir seus negócios.

O SAQUE DA BAHIA POR WITHRINGTON E LISTER

No mesmo ano em que uma frota armada pelo conde de Cumberland acossava durante seis semanas Salvador e os engenhos do Recôncavo baiano, o senhor de engenho luso-baiano Gabriel Soares de Sousa estava em Madri, onde oferecia a um alto funcionário do rei um manuscrito sobre o Brasil. Nele, Sousa alertava o monarca do risco de "os luteranos" prepararem frotas para ir povoar a colônia, "a qual está hoje em tamanho perigo, que se nisso caírem os corsários, com mui pequena armada se senhorearão desta província, por razão de não estarem as povoações dela fortificadas, nem terem ordem com que possam resistir a qualquer afronta que se oferecer".[24]

A ação inglesa contra a capitania da Bahia apostou justamente na desguarnição da colônia e abasteceu de açúcar seus navios, obtendo lucros significativos. Essa seria a primeira viagem de corso armada por George Clifford, o terceiro conde de Cumberland, cortesão graduado em Cambridge e um dos campeões da rainha, que posteriormente investiria em outros empreendimentos do gênero. A frota saiu da Inglaterra com uma meta: conseguir pelo menos 6 mil libras em mercadorias saqueadas de navios espanhóis e portugueses. Segundo relação de viagem escrita por um integrante de uma das naus portuguesas atacadas, os ingleses tencionavam queimar todos os navios que encontrassem pelo caminho.[25]

O autor do relato sobre o ataque à Bahia, John Sarracoll, um agente comercial com gosto pela narração de batalhas, por vezes é bastante incisivo, como ao resumir a investida contra um engenho do Recôncavo: "Então cada homem pegou um pote [de açúcar] para si e o resto incendiamos". Esse foi o tom dominante no decorrer da viagem. A frota partiu no dia 26 de junho de 1586 e, após uma longa e acidentada peregrinação marítima, retornou à Inglaterra em 29 de setembro de 1587.

A caminho da América do Sul, passaram pela Guiné e por Serra Leoa, onde saquearam e incendiaram povoações, como fariam mais tarde na Bahia, e atravessaram o oceano com destino ao estreito de Magalhães, pois pretendiam atingir o Pacífico. Nas proximidades do Rio da Prata apresaram duas naus portuguesas que pertenciam ao dominicano d. Francisco de Victoria, bispo de Tucumã, e tomaram posse de seu carregamento e de alguns membros da tripulação. Desse encontro marítimo entre os "heréticos" ingleses e os "sanguinários" católicos portugueses e espanhóis sairiam depoimentos escritos do lado ibérico, que relatam o outro lado da história: uma carta do governador de Tucumã,[26] uma relação de viagem[27] redigida no mesmo local, e cartas jesuíticas narrando o ocorrido. Some-se a estas um curioso documento capturado pela frota inglesa e editado por Hakluyt e Purchas,[28] uma relação histórica sobre a região do Prata e a América espanhola de autoria de um mercador português com grande experiência na região, provavelmente Lope Vasques Pestana, identificado como Lopez Vaz nos documentos ingleses, e que seria decisivo no destino que a frota tomaria.

Segundo Sarracoll, cuja escrita pende para o humor e o sarcasmo, principalmente ao descrever os ibéricos e seus hábitos, o bispo de Tucumã era tão rico que o roubo dos bens que estavam naquelas duas embarcações — uma delas construída na Bahia — não chegaria a afetar sua fortuna. Tal observação é uma crítica direta à Igreja católica feita por um anglicano e, também, reflexo de opiniões dos próprios contemporâneos do bispo. A bordo das naus capturadas iam, como descobrimos num dos relatos ibéricos, passageiras "portuguesas nascidas no Rio de Janeiro" e prendas enviadas pelo governador do Rio, Salvador Correia de Sá, ao bispo de Tucumã, um gesto de amabilidade de parceiros comerciais: "presentes de compota e outras ofertas, entre eles muitos barris de gengibre em conserva", conta um dos documentos espanhóis. De acordo com cartas publicadas na *Historia de la Compañía de Jesús en la Provincia del Paraguay*, os navios levavam ainda grande quantia em dinheiro, materiais para a construção de engenhos, ferramentas, roupas e outras mercadorias, além de um grupo de jesuítas enviado pela Companhia de Jesus do Brasil para Tucumã, atendendo pedido do bispo Francisco de Victoria.

Enquanto a narrativa de Sarracoll é econômica sobre o saque das naus do bispo e o tratamento dado aos passageiros e demais embarcados, os textos espanhóis se esmeram nos detalhes dramáticos e comoventes. Relatam que, ao se desfazerem das embarcações apresadas, os corsários "despojaram os navios de tudo o que traziam, deixando neles mais que um pouco de arroz podre e um pouco de farinha de mandioca", além de cinco pipas de água para 120 pessoas. Despojados também das velas, cabos e outras peças de navegação, os tripulantes e passageiros teriam ficado à deriva durante dez dias, e "chegaram ao Rio da Prata e à cidade de Buenos Aires todos nus, assim os padres como os demais, sem trazer mais do que as camisas rotas sobre seus corpos", registra um dos documentos. Havia, dessa forma, uma guerra de imagens, ideológica, que se travava nos textos escritos — cartas, relatórios, diários —, em que as duas nações construíam seu antagonismo político e religioso.

Conhecem-se duas versões do diário de Sarracoll, a impressa por Hakluyt nas *Principall Navigations* e a que aparece num manuscrito pertencente ao acervo da British Library, ligeiramente diferentes entre si, como costuma acontecer com quase todos os documentos do período que têm mais de um testemunho registrado. Sabemos que tanto Richard Hakluyt como Samuel Purchas editavam e, eventualmente, cortavam e resumiam trechos dos originais nos quais trabalhavam, ainda que grande parte dos manuscritos que possuíam seja hoje desconhecida. Não se conhece, por exemplo, o original português do padre Fernão Cardim — jesuíta capturado por uma frota inglesa no Atlântico e levado preso para Londres em 1601 —, texto que, vendido a Hakluyt, foi traduzido em inglês e publicado por Samuel Purchas em 1625, no que vem a ser a primeira edição dos *Tratados da gente e da terra do Brasil*, que só seriam lançados em português no século XIX a partir de uma cópia encontrada na biblioteca pública de Évora, em Portugal. A versão impressa por Purchas é também ligeiramente diferente do manuscrito de Évora.

Um dos poucos manuscritos utilizados por Hakluyt e Purchas a ser localizado foi o do diário de Sarracoll. Algumas diferenças entre as duas versões estão apontadas nas notas na presente edição do relato, mas o que sobressai desse conjunto de pequenas supressões e alterações é o propósito de Hakluyt de retirar os elementos que considera disfóricos, ou seja, que não contribuem para uma imagem idealizada do caráter nacional inglês (a bravura, a superioridade nas armas, a assertividade).

Certas observações de Sarracoll sobre os desacordos entre os dois comandantes ingleses, Withrington e Lister, por exemplo, são suprimidas por Hakluyt. Sarracoll, na versão manuscrita, acusa ao longo de todo o diário o comandante Withrington de ter tomado sempre as decisões erradas, e nem todas as recriminações são publicadas por Hakluyt nas *Principall Navigations*, livro que visava a um largo público e tratava de eventos ocorridos pouco tempo antes. Outros acontecimentos considerados negativos para os ingleses também não são incluídos na versão impressa, como o registro de barcos que se perderam durante uma tempestade e aquele acerca dos homens flechados numa das batalhas contra os de Olinda, que viriam a morrer em razão dos ferimentos. Em alguns episódios sobre embates entre a resistência colonial e os invasores, Hakluyt ameniza as perdas inglesas relacionadas no manuscrito, suprimindo trechos pequenos mas significativos.

Por vezes, a passagem cortada se refere a questões náuticas, como erros que a frota comete na aferição da latitude e na navegação, ou a constatação de não disporem de um piloto capaz de entrar no difícil porto do Recife. Em outros casos, os cortes recaem em trechos com anotações subjetivas do narrador, como uma reflexão sobre os portugueses do Brasil: "Não julgo que sejam bestas ou animais, mas tanto em maneiras como em discernimento não são de modo algum inferiores a nós". Observação sobejamente positiva para ser mantida pelo patriótico e anti-ibérico editor. Outro momento de empatia, a respeito de uma vila em Serra Leoa, saqueada e queimada pelos ingleses, também é suprimido. Sarracoll, depois de elogiar a limpeza e a organização do povoado, registra com secura a ação: "Ao partirem, nossos homens atearam fogo à vila, que se consumiu (ou a maior parte dela) em um quarto de hora, já que as casas eram cobertas de juncos e palha". O historiador Stephen Greenblatt observa a "falta de escrúpulos"[29] desse fragmento do relato: ao mesmo tempo que Sarracoll admira a limpeza e a beleza da cidade africana, narra friamente sua destruição pelos ingleses. Só com a descoberta e o estudo do manuscrito pelo pesquisador Philip S. Palmer se soube que seu autor havia acrescentado uma frase piedosa: "Ver isso [o incêndio] me deu enorme pena, porque era uma cidade tão bem-feita".[30] Frase que a Hakluyt pareceu excessiva. O espírito nacional que as antologias de viagens queriam construir era outro. Greenblatt nota que tal construção da identidade expansionista inglesa, baseada em virtudes bélicas, se encontrava também no teatro, por exemplo na peça *Tamburlaine the Great*, de Christopher Marlowe, que entrou em cartaz em Londres no ano seguinte à viagem de Sarracoll, cujo personagem principal clama, ecoando as ações reais dos mercadores ingleses no Atlântico Sul: "Conquistar, saquear e finalmente destruir suas cidades".[31]

Em alguns casos, as supressões efetuadas por Hakluyt podem ter sido estratégicas, pois não convinha divulgar certas informações num livro impresso. No manuscrito, Sarracoll conta que os portugueses apreendidos nas naus do bispo Victoria — Lopez Vaz e o piloto — lhes comunicaram que seria simples tomar o Rio de Janeiro, já que, dos trinta canhões existentes no porto, a maior parte não tinha munição, e nem sequer havia homens capazes de usá-los; disseram-lhes ainda que o Espírito Santo era uma pequena cidade, fácil de ser conquistada, e que poderiam se assenhorar de Salvador se atacassem primeiro com os barcos leves, ficando os navios na retaguarda, de forma a tomarem a cidade de surpresa. Um verdadeiro catálogo de oportunidades na costa brasileira, suprimido na versão impressa. A mesma preocupação deve ter norteado outro corte, sobre a rota comercial por terra entre Tucumã e o *Peru*, ou seja, as terras depois dos Andes. Registra o manuscrito que portugueses e espanhóis levavam dois ou três meses para chegar a Santa Fé (em Tucumã), e que até o *Peru* eram trezentas léguas e mais três meses, e que ali obtinham "maravilhosos" ganhos com suas mercadorias.

Hakluyt também omite algumas digressões cultas, como a menção à leitura, a bordo, do livro de Nicolás Monardes, a *Historia medicinal de las cosas que se traen de Indias Occidentales nuestras, que sirven en medicina*, obra de referência então e igualmente citada no relato de Richard Hawkins. Sarracoll registra a leitura coletiva do livro do médico sevilhano quando os ingleses, no dia 23 de outubro, pescam um enorme peixe "com nada no estômago exceto um meio galão de pequenas pedras". Tendo ouvido falar de tais rochas intestinas, a tripulação consulta a *Historia* de Monardes para ler sobre o emprego terapêutico da pedra bezoar, encontrada no ventre de certos animais, rara e estimada pela medicina da época.

Entre as supressões feitas por Hakluyt está a de uma passagem acerca dos ameríndios de Morro de São Paulo:

uma casta de índios chamados tapuias [*tappos*], muito mais bárbaros que os índios da Bahia; dizem que um desses selvagens tem mais valentia do que dez dos índios da Bahia, seus corpos são muito grandes e de espantosa força, seus arcos são mais curtos porém mais fortes, e suas flechas têm nove palmos de comprimento, não têm amizade com nenhum outro povo nem com os cristãos, [...] são conhecidos como o povo mais cruel do mundo. [...] Suas mulheres são mais valentes e mais duras que os homens.[32]

Para construir uma identidade nacional expansionista para os ingleses, não convinha nem mesmo elogiar os índios da encantadora ilha da capitania da Bahia.

Curiosamente, determinados episódios desfavoráveis a Portugal encontram abonação na versão portuguesa dos eventos, que se acha na *História do Brasil* de frei Vicente do Salvador, de 1627. No que se refere ao ataque à Bahia, há similaridades entre a narrativa de Sarracoll e o relato do frade franciscano, como a desabalada fuga dos moradores ante a chegada da frota inglesa:

[...] e logo todos [os ingleses] começaram as bombardadas à cidade tão fortemente que, desanimados e cheios de medo, os moradores fugiram dela para os matos; e posto que o bispo pôs guardas, e capitães nas saídas, que eram muitas, porque não estava murada, para que detivessem os homens, e deixassem sair as mulheres, muitos saíram entre elas de noite, e algum com manto mulheril, e esses poucos que ficaram pediram ao bispo fizesse o mesmo.³³

As versões inglesa e portuguesa coincidem também em outros pontos, como na descrição da frota de cinco embarcações armada pelo governador de modo a combater os ingleses no Recôncavo. Frei Vicente do Salvador descreve com pormenores:

> Ordenou Cristóvão de Barros uma armada de cinco barcas, das que levam cana e lenha aos engenhos, as quais ainda que sem coberta são mui fortes e veleiras, mandando-as empavesar, e meter em cada uma dois berços, e soldados arcabuzeiros com seus capitães [...], e por capitânia uma galé, em que ia por capitão-mor Sebastião de Faria, para que onde quer que desembarcassem os ingleses dessem sobre eles.³⁴

Mas, de maneira geral, Sarracoll é mais incisivo sobre as vitórias inglesas, enquanto frei Vicente do Salvador se esmera no elogio da resistência armada por Cristóvão de Barros e pelo bispo d. Antônio Barreiros, então governadores da colônia. Mesmo o título do brevíssimo capítulo da *História do Brasil* dedicado à invasão inglesa demonstra certa diminuição dos oponentes: "De três naus inglesas, que neste tempo vieram à Bahia".

RICHARD HAWKINS: UM FIDALGO E SEU RELATO ERUDITO

Comparativamente às demais narrativas aqui publicadas, chama atenção a elegância da prosa desse navegador, misto de cortesão, humanista, corsário e cosmógrafo, também interessado, ao redigir seu livro, em questões de geografia, etnografia e outras áreas do conhecimento, e não só no saque e no comércio, como os seus familiares. Diz ele que, ao chegar a Vitória, no Espírito Santo, querendo entrar em contato com as autoridades locais para obter víveres, escreve uma carta em latim ao governador, que envia juntamente com "um corte de veludo carmesim, uma medida de fino linho e vários outros presentes". Tal refinamento — e em especial a carta em latim — não deixa de espantar o capitão da vila, que, apenas dois anos depois de ter sido atacado pela frota do inglês Thomas Cavendish, responde amavelmente ao novo visitante elisabetano, que consegue de fato abastecer seu navio, segundo a versão contada pelo viajante.

Richard Hawkins (1560-1622) vinha de uma família inglesa de navegadores e mercadores com estreitas ligações na corte de Elisabete I. Seu avô, William Hawkins, também presente nesta coletânea de relatos, notabilizou-se ainda no reino de Henrique VIII por suas viagens exploratórias. Seu pai, John Hawkins, foi tesoureiro da Marinha elisabetana, além de precursor do tráfico negreiro entre a costa ocidental da África e o Caribe. Richard Hawkins adquiriu larga experiência do mar junto a seu pai e a seu primo, Francis Drake, a quem acompanhou em diversas expedições marítimas contra a Espanha: ao Caribe, aos Açores, e mesmo combatendo a Invencível Armada Espanhola em 1588.

Em 12 de junho de 1593 partiu de Plymouth com três navios rumo ao Oriente, via estreito de Magalhães, provavelmente com o apoio da Coroa, numa emulação das viagens lucrativas, e assertivas em termos políticos, de Francis Drake e Thomas Cavendish. A comissão concedida pela rainha autorizava a pequena frota a "realizar investidas contra o rei da Espanha". Contudo, na baía de San Mateo, no atual Equador, a frota foi capturada por uma esquadra espanhola mandada especialmente para combater os ingleses. Preso e processado pela Inquisição, o navegador foi enviado a Lima, de onde seguiu para a Espanha. Depois de oito anos de cativeiro, foi solto em 1602, mediante pagamento de resgate, quando enfim pôde voltar à Inglaterra. A viagem gerou o livro *The Observations of Sir Richard Hawkins*, publicado em 1622.[35]

Escrita cerca de vinte anos após seu retorno, a obra não é um relato de viagem nos moldes daqueles de seus contemporâneos, tampouco uma narrativa autobiográfica de aventuras como as de Carder e Knivet. Trata-se de um livro original, com pretensões a ser uma espécie de "cosmografia", gênero humanista de descrição do mundo, de que é exemplo a então muito lida e citada *Cosmografia universal* de André Thevet.[36] Diferentemente da maioria dos autores de textos e depoimentos reunidos neste livro, Richard Hawkins teve uma educação formal de alto nível, o que não era incomum entre os corsários da corte elisabetana — George Clifford, o conde de Cumberland, por exemplo, era graduado pela Universidade de Cambridge.

Apesar de no prólogo afirmar que o principal objetivo da viagem era o "descobrimento", Hawkins, depois de atravessar o estreito de Magalhães, atacou e saqueou diversas cidades da costa do Pacífico, como relata ao pai numa carta: "Passando pela costa do Chile, entrei num porto chamado Santiago, onde tomei cinco navios e nos quais achei o que precisava de mantimentos, levei os melhores comigo, ia neles uma pequena quantidade de ouro no valor de seis ou sete libras esterlinas. Dali, saí costeando o Peru e saqueando alguns portos".[37] Posteriormente sagrado cavaleiro pelo rei Jaime I, Hawkins foi prefeito de Plymouth, membro do Parlamento, vice-almirante de Devon, e empreendeu ainda uma série de expedições marítimas de corso contra a Espanha.

O trecho aqui publicado de seu livro de viagem retrata a passagem dele pelo Brasil, que ocorre num momento extremo da navegação. Quatro meses depois de cruzarem a linha do equador e enfrentarem calmarias, escorbuto e escassez de água e comida, que provocam a morte de quarenta tripulantes, avistam terra. E nessas condições, com poucos homens sãos, atingem a colônia portuguesa.

Ancorado na ilha de Santana, em frente à atual cidade de Macaé, no Rio de Janeiro, dedica sua atenção às plantas da Mata Atlântica, detendo-se no emprego medicinal e, quando pertinente, na importância econômica. Estende-se sobre a beldroega, as "favas purgativas" e os frutos das figueiras-da-índia, os dois últimos descritos em diálogo direto com a *Historia medicinal* de Monardes, modelo para os viajantes europeus no então chamado Novo Mundo.

As práticas indígenas merecem consideração especial na narrativa de Hawkins, que chega a descrever três técnicas distintas para o preparo da bebida fermentada feita de mandioca. Diferentes formas de preparo e consumo dos delicados beijus de goma também são foco de seus comentários, os quais apontam as interações culturais entre portugueses e povos nativos: "no Brasil, desde que os portugueses ensinaram aos índios a usar açúcar, eles comem essa farinha misturada com restos de açúcar, ou melaço, e é assim que os portugueses comem dela". No conjunto, suas observações refletem a perspectiva das "cosmografias" humanistas do século XVI par a par com a prospecção de negócios do navegador, ou corsário.

Por ter passado anos preso na América espanhola, sua descrição da colônia portuguesa é pontuada por palavras da região, tais como *yuca* (mandioca), *hamaca* (rede), ou por expressões espanholas, por exemplo, *manteca de porco*. O Brasil, apesar de retratado com pormenores, é visto como terra de passagem, ponto de parada a caminho do Pacífico: "Na sua maior parte essa costa corre para sudoeste; é uma terra temperada, embora em alguns lugares seja quente demais; é ótima para socorro de navios, cheia de rios e água fresca".

JAMES LANCASTER SAQUEIA OS ARMAZÉNS DO RECIFE

O entusiasmado título que o editor Richard Hakluyt escolhe para a narrativa anônima sobre a pilhagem dos armazéns do Recife pelo navegador inglês[38] indica tratar-se sua viagem de uma das mais lucrativas feitas ao Brasil no período. Em 1595, mesmo ano em que James Lancaster volta à Inglaterra com o precioso butim, sua proeza em *Fernambuck* é cantada em prosa e verso num panfleto escrito pelo autor de baladas e poeta profissional Henry Roberts,[39] que já havia composto livretos enaltecendo viagens de Francis Drake e outros corsários. O ato de saquear uma rica vila portuária do Brasil, àquela altura da rivalidade entre Espanha e Inglaterra, era entendido como uma empreitada a serviço da nação, digna de elogios em versos de tom épico, e seus protagonistas são elevados à categoria de heróis nacionais.

James Lancaster (*c.* 1555-1618) tinha passado parte da vida atuando como comerciante estabelecido em Lisboa. Contudo, em meados da década de 1580, com a expulsão dos mercadores ingleses da península Ibérica, que tiveram propriedades e bens confiscados, é levado a mudar-se, como muitos de sua geração. De volta à Inglaterra, participa das mais importantes campanhas militares contra os espanhóis: o ataque encabeçado por Francis Drake contra o porto de Cádiz, o combate à Invencível Armada em 1588 e um ano mais tarde, também com Drake, a invasão da cidade de Torres Vedras, em Portugal.

Lancaster chefiou a primeira frota inglesa a atingir a Índia, pela rota do Cabo da Boa Esperança, numa viagem realizada entre 1591 e 1594. A empreitada, entretanto, acabou sendo um fracasso. Lancaster e seu principal colaborador, Edmund Barker (que também tomaria parte no ataque a Pernambuco), foram abandonados no Caribe pela tripulação amotinada, e só conseguiram retornar à Inglaterra resgatados por um navio francês comandado por Jean de Noyer (que reencontrarão no Recife). Apenas cinco meses após essa aventura, Lancaster reúne capitais de "veneráveis senhores da cidade de Londres" para uma nova viagem, com destino a *Fernambuck*, cuja riqueza bem conhecia por ter sido mercador em Lisboa, aonde chegavam naus carregadas do açúcar pernambucano.

Dessa vez, os ventos lhe seriam favoráveis. Além de engrossar a frota com uma série de adesões de navios amigos, o que aumentou seu poder de ataque, Lancaster contou com o encalhe, no litoral de Pernambuco, de um galeão da Carreira da Índia lotado de mercadorias valiosas, que foi descarregado nos armazéns do Recife, então um porto ao lado da importante vila de Olinda. Assim como o assalto de Withrington e Lister à Bahia, a ação de Lancaster valeu-se da superioridade do poder de fogo inglês e das precárias defesas coloniais. A motivação foi semelhante: impedidos de comerciar nos portos ibéricos desde a eclosão da guerra entre as coroas inglesa e espanhola, os mercadores ingleses passaram a ir direto aos navios espanhóis e portugueses no Atlântico Norte e no Caribe, e, eventualmente, tentaram obter, sem intermediários, nos portos produtores as mercadorias coloniais, como o açúcar do Brasil. Durante cerca de um mês, o navegador abasteceu mais de uma dezena de navios com produtos tropicais e orientais, que levou para a Inglaterra com vultosos lucros para os investidores, entre eles Thomas Cordell, prefeito de Londres.

James Lancaster, após o êxito pernambucano, passaria por uma grande ascensão social. Ainda em 1596, teria até mesmo um retrato seu pintado, sinal de extremo prestígio, em que é representado com roupas de cortesão e a mão direita pousada no globo terrestre, simbolizando seu domínio sobre as rotas marítimas ao redor deste. Fundaria, ao lado dos já citados investidores londrinos, a East India Company — a Companhia das Índias Orientais inglesa —, e lideraria a sua primeira viagem (1601-3), ocasião em que estabeleceria um pioneiro entreposto comercial inglês na região, na ilha de Java, lançando as bases para a expansão inglesa no Sudeste Asiático. Quando Lancaster voltou para a Inglaterra, o rei Jaime I o armou cavaleiro.

    O relato anônimo publicado por Hakluyt, escrito por um mosqueteiro que parece ter participado das ações que narra, apresenta o tom nacionalista típico do período, com o característico pendor para a depreciação dos oponentes portugueses, não poucas vezes retratados como covardes e despreparados. Uma versão muito semelhante da história, porém mais exagerada em seus contornos bélicos e patrióticos, é encontrada no panfleto de Henry Roberts, cujas baladas transformavam mercadores e corsários em heróis épicos numa imitação popular do estilo da poesia clássica. O folheto, que talvez tenha sido encomendado pelo próprio Lancaster, pretendia estimular a opinião pública a apoiar a expansão marítima. Retrata o navegador como um herói nacional, combatendo os inimigos cruéis em nome de Deus e da rainha, e opera uma interessante fusão do relato de viagem com a poesia popular. As principais diferenças entre a narrativa anônima e o panfleto são indicadas nas notas da presente edição, e algumas delas revelam haver uma idealização maior da figura de Lancaster no panfleto, gênero de publicação barata e destinada a uma ampla audiência, costumeiramente lido em voz alta em tabernas e locais de grande afluxo de pessoas.

Um dos traços marcantes tanto do texto publicado por Hakluyt como do folheto de Henry Roberts é o anti-iberismo, mais agudo que o de seus contemporâneos. O autor desconhecido do relato, homem de armas com um humor semelhante ao de John Sarracoll, ridiculariza com frequência as ações dos habitantes de Olinda, comparando-os, por exemplo, como vimos no início deste posfácio, a lebres acuadas "fugindo de um ávido greyhound", ou os acusando de incompetentes por não saberem usar com eficácia seus próprios canhões. Retratados como covardes e cruéis, os portugueses de Olinda seriam também ardilosos e não confiáveis, o que Lancaster muitas vezes afirma em frases e discursos fortemente antiportugueses registrados pelo mosqueteiro. "Devemos arriscar o que conquistamos pelas nossas espadas para vê-los tomar tudo de nós com palavras e ardis?", diz o comandante, invocando, vez por outra, sua vivência em Lisboa para embasar sua opinião.

Mesmo assim, o autor do relato não deixa de narrar todas as investidas dos pernambucanos, que acabaram por expulsar os invasores numa batalha com grandes perdas para os ingleses, em que perecem, além de Edmund Barker, braço direito de Lancaster, outros importantes comandantes, cantados como heróis nacionais por Henry Roberts numa balada de tons épicos, nas páginas finais do panfleto, dedicada especialmente a eles. Eram "leões lutando por seu país e sua rainha" diante de "inimigos sem piedade", 275 ingleses contra 5 mil portugueses e índios, nos versos hiperbólicos de Roberts. Edmund Barker e os demais capitães mortos seriam "homens de valor, mui resolutos e austeros [...]/ cujas famas serão eternizadas por seus feitos./ Que todos saibam o quão bravamente enfrentaram seu fim!".[40]

A narrativa e o panfleto sublinham a cada passo intervenções divinas favoráveis aos ingleses. Tudo é conseguido graças ao apoio de Deus ou com a ajuda do padroeiro são Jorge. Mesmo o vento que sopra quando saem da baía do Recife é obra dos céus, abençoando suas ações contra os "sanguinários espanhóis". Alguns historiadores brasileiros que leram o relato sobre o ataque de Lancaster editado por Hakluyt não deixaram de notar a mistura de devoção e saque. "Estes piratas ostentavam de religiosos e em seus discursos o nome de Deus era constantemente repetido, parecendo-lhes infalíveis os socorros da Providência para o bom êxito de uma empresa cujo único fim era roubar", escreve José Bernardo Fernandes Gama, nas *Memórias históricas da província de Pernambuco*, em meados do século xix.[41] A *Geografia pernambucana*, de Sebastião de Vasconcellos Galvão, publicada em 1865, destila, ainda que trezentos anos depois, a fama de iconoclastas adquirida pelos súditos da rainha Elisabete i, ao comentar a ação de Lancaster: "Levaram tudo quanto encontraram de mais precioso na povoação, não isentando de tão infame espoliação as próprias pratas e alfaias da pequena capela do Corpo Santo".[42]

O DEPOIMENTO DE THOMAS TURNER

Entre o final do século XVI e início do XVII, o mercador inglês Thomas Turner, de quem pouco sabemos, atuou na rota comercial que ligava Brasil, Portugal e África. Anthony Knivet relata tê-lo conhecido em Pernambuco em torno de 1598, e se refere a ele como "fidalgo". Segundo esse viajante inglês, Turner, seguindo um conselho seu, teria partido para o Rio de Janeiro e de lá para Angola, "onde conseguiu grandes lucros com sua mercadoria".[43] Achava-se em Lisboa entre 1600 e 1603, e em Londres já antes de 1610, quando Samuel Purchas o entrevistou sobre suas experiências no Brasil e na África.

Purchas faz uma primeira alusão às informações obtidas de Turner, em 1613, no livro *Purchas his Pilgrimage*,[44] no qual inclui as impressões do mercador a respeito dos gigantes da Patagônia, de plantas tropicais, e ainda outras observações que serão aproveitadas, nove anos mais tarde, na sua coletânea de viagens, *Hakluytus Posthumus or Purchas his Pilgrimes*, na qual publica a breve notícia escrita a partir das conversas que teve com Thomas Turner. Percebe-se que Purchas o considerava uma fonte importante e confiável sobre o tráfico de escravos entre África e Brasil, e também sobre as maravilhas do Novo Mundo.

Essa breve notícia — traduzida na presente edição — resume numa página os dois anos que o mercador viveu no

Brasil e descreve as curiosidades extraordinárias que observou. Purchas, ao editar os textos, seguia alguns princípios: cortava material presente em outras narrativas, para evitar repetição, e ainda aquilo que só tinha a ver com detalhes cotidianos da navegação, assim como o que julgava tedioso.[45] Na relação de Thomas Turner, encontra-se uma mensagem de Purchas ao leitor, entre parênteses, logo após a menção ao gambá, que bem ilustra tais práticas: "Há também um animal que guarda seus filhotes numa bolsa etc. *(como aparece em outros relatos é, portanto, aqui omitido)*". O depoimento parece ter sido tão abreviado que até mesmo no título há um "etc.".

Purchas elabora um texto que, mesmo se estruturando como um conjunto de anotações esparsas e não como uma narrativa propriamente dita, conjuga relato de viagem, relatório comercial e cosmografia. A notícia resulta das experiências pessoais de Turner, bem como de suas leituras sobre o Novo Mundo. As informações deste acerca dos gigantes da Patagônia, dos macacos barbados, das jiboias e das capivaras (retratadas como vacas fluviais) são uma espécie de breve coletânea de descrições encontradas em outros livros do período, como a já citada *Historia* de Monardes. Há relações curiosas entre as observações do mercador inglês e a bibliografia da qual não apenas ele mas também seu editor se serviram. Uma das explanações, sobre a preguiça, descrita com assombro por todos os cronistas da época, ali está com o propósito de contraditar e corrigir uma informação da bastante conhecida *Historia general y natural de las Indias*, de Gonzalo Fernandez Oviedo, e repetida no igualmente muito lido *As singularidades da França Antártica*, de André Thevet, obras nas quais se afirma que o animal se alimenta unicamente de vento: "Conta ele [Turner] ainda que há lá um animal chamado por alguns *hay*, que vive das folhas das árvores e não só de ar".

Para atestar a autenticidade do relato, Purchas insere, como era de praxe nas narrativas de viagem e nas cartas jesuíticas, uma anedota, mais especificamente uma história de cobra. Turner diz ter visto uma "serpente *Cobrus* quase do seu tamanho" — e ao mesmo tempo "de seis metros de comprimento" —, que foi morta pelo menino índio que os acompanhava. A respeito das estranhas capacidades da jiboia, o mercador invoca testemunhas coloniais, um indiozinho e um jesuíta, para legitimar suas inusitadas informações, que ecoam trechos sobre a jiboia de livros de cronistas portugueses como Pero de Magalhães Gândavo e Gabriel Soares de Sousa. Gândavo apresenta da seguinte forma a jiboiaçu: "Afirmam que tem esta cobra tal qualidade que depois de o ter comido [ao veado] arrebenta pela barriga, e quanta carne tem pelo corpo apodrece, e fica somente no espinhaço, com a cabeça e a ponta do rabo sã, e tanto que desta maneira fica, torna pouco a pouco a criar carne nova até que se cobre outra vez de carne tão perfeitamente como dantes".[46] Gabriel Soares de

Sousa, por sua vez, refere uma característica também descrita por Turner e por Anthony Knivet: "E para matar uma anta ou um índio, ou qualquer caça, cingem-se com ela muito bem, e quando têm segura a presa, buscam-lhe o sesso com a ponta do rabo, por onde o metem até que matam o que têm abarcado".[47]

Ainda no que concerne ao maravilhoso, Turner registra a existência, no estreito de Magalhães, de "homens cuja parte de trás da cabeça era chata e não redonda", observação que refletia o conceito, presente nas *Histórias* de Heródoto, de que o extremo do mundo era habitado por extremas estranhezas. Além dos conhecidos gigantes da Patagônia — uma leitura dos povos locais pela ótica do humanismo renascentista —, os ingleses viram outras maravilhas no estratégico sul do continente. O mercador inglês John Jane, em seu relato de viagem, conta que o navio em que se achava foi atacado, nessa mesma região, por homens com cara de cachorro,[48] cujas figuras, aliás, qualquer leitor curioso poderia encontrar em cosmografias e histórias naturais publicadas pouco antes.

Como mercador, Turner dá um interessante depoimento sobre uma rebelião de africanos e sobre João Pais Barreto, patriarca de uma dinastia açucareira, senhor de engenhos em Pernambuco e de fazendas de gado em Alagoas, citado também no livro de memórias de Anthony Knivet. Curiosamente, o trecho aparece de forma menos abreviada no livro *Pilgrimage*, de 1613, traduzido a seguir:

Turner, que viveu muito tempo no Brasil e também esteve em Angola, me contou que se estima que 28 mil escravos eram anualmente transportados de Angola e Congo, pelo porto de Luanda. Ele mencionou um rico português no Brasil que possuía 10 mil deles trabalhando em seus engenhos (dos quais tinha dezoito) e em seus outros empreendimentos. Chamava-se John de Paus, desterrado de Portugal e enriquecido no Brasil. Mil de seus escravos, em uma ocasião, entraram numa rebelião com mais 9 mil escravos da região, e se fortificaram da melhor forma que puderam para se defenderem de seus senhores, que tiveram muito trabalho para trazer alguns deles de volta à sua anterior escravidão.[49]

UMA EXPLORAÇÃO DO AMAZONAS EM 1608

Não se trata de uma viagem inglesa, mas de uma empreitada que contou com a participação de ingleses em postos-chave. Assim como ocorreu a Roger Barlow, que esteve a bordo de uma frota espanhola e registrou sua experiência num livro, o inglês William Davies embarca para o Amazonas numa empresa marítima florentina, idealizada e armada por Fernando I, o grão-duque da Toscana, e seis anos depois publica em Londres um relato sobre suas muitas peregrinações e lugares que conheceu, incluindo aí a expedição ao Amazonas.

O texto relativo ao mítico rio sul-americano, embora breve, oferece um dos únicos testemunhos sobre essa viagem, além de representar uma das mais antigas descrições dos povos que lá habitavam.

A pequena frota que parte de Livorno em setembro de 1608 tem o intuito de prospectar riquezas minerais, possibilidades comerciais, e sondar a viabilidade de estabelecer uma colônia no delta do rio.[50] Isso permitiria ao grão-duque participar do rentável comércio entre a Europa e o Atlântico Sul, ainda sob a hegemonia da Espanha, que então não consentia aos estrangeiros comércio direto em seus portos.

O interesse toscano nas colônias espanholas da América já vinha se manifestando desde princípios do século XVII, primeiro através de tentativas diplomáticas junto à corte de Filipe II da Espanha, e se concretizaria por meio dessa viagem à Amazônia.[51] As cartas escritas a Fernando I, em 1608, pelo arquiteto florentino Baccio de Filicaya[52] são um bom exemplo do entusiasmo que a colônia portuguesa suscitou na corte dos Médici. Filicaya, que esteve no Brasil em 1598 acompanhando o governador-geral d. Francisco de Sousa ao interior de São Paulo em busca de ouro, relata as promessas minerais do interior brasileiro.[53] Desde as épicas expedições de Francisco de Orellana (1541) e de Pedro de Ursúa e Lope de Aguirre (1560), o Amazonas ainda habitava, no início do século XVII, o imaginário europeu como a terra do Eldorado, e as dificuldades de navegação ao longo da costa atlântica o tinham mantido razoavelmente intocado.

A expedição do grão-duque toscano ao Amazonas vai buscar a experiência de dois ingleses radicados na Itália, então a serviço da corte florentina, que já haviam estado nas chamadas Índias Ocidentais. O organizador da empreitada será uma figura da corte elisabetana, Sir Robert Dudley[54] — que mais tarde escreverá a obra *O arcano do mar*[55] e que tinha explorado o delta do rio Orinoco em 1594 —, e o comandante, Robert Thornton. É graças a Thornton e a outros conterrâneos seus que William Davies consegue se juntar à expedição na condição de cirurgião-barbeiro, função importante, similar à de médico, nas empresas marítimas da época. Fazia mais de oito anos que Davies estava em Livorno como escravo do nobre italiano, depois de ter sido capturado e feito prisioneiro na costa da Tunísia, e durante seis anos trabalhou nas galés. De acordo com sua narrativa autobiográfica, ele é libertado e embarca na frota armada pelo *Granduca*.

Composta apenas da nau *Santa Lucia* e de duas pequenas embarcações auxiliares, a expedição toscana explora o rio Amazonas por cerca de quarenta dias, buscando sinais de metais preciosos e estabelecendo contato com povos locais. Contudo, quando a nau retorna em 1609, sem lucros, o grão-duque já havia morrido, e seu herdeiro não dá continuidade ao projeto.[56] De volta a Livorno, o cirurgião-barbeiro é preso pela Inquisição, num enredo romanesco contado diligentemente em seu livro de viagens, consegue fugir e segue para a Inglaterra em 1614, mesmo ano em que publica o relato de suas aventuras de viajante, com o título A *True Relation of the Travailes and Most Miserable Captiuitie of William Dauies, Barber-Surgion of London* [...].[57]

A obra, um opúsculo de vinte folhas, impresso por um editor especializado em panfletos, habita o mesmo ambiente político e religioso das coletâneas de Richard Hakluyt e Samuel Purchas, tendo este último publicado na sua coletânea o trecho a respeito do Amazonas, em 1625.[58] Além de versar sobre viagens ao redor do mundo, o livro do cirurgião-barbeiro londrino era também um forte libelo contra os "papistas", os católicos romanos, engrossando o volume das publicações anti-ibéricas. Seus sofrimentos e cativeiro, como revela o título do panfleto, são obra dos impiedosos e cruéis florentinos, símiles dos espanhóis e portugueses das demais narrativas do gênero. Escrito para um público protestante, o arremate de suas aventuras é exemplar: a Inquisição processa-o por ter enterrado um colega inglês no campo, fora da cidade, seguindo o rito anglicano, o que ele só fez por não haver obtido permissão dos católicos para enterrá-lo no cemitério. A desumanidade dos católicos era um lugar-comum das narrativas de propaganda antiespanhola, e no livro de Davies é atribuída aos toscanos, responsáveis por seus anos de servidão, em condições desumanas, que descreve com pormenores.

A True Relation of the Travailes and Most Miserable Captiuitie começa com uma tábua alfabética de todos os lugares que o viajante conheceu, do Norte da África ao Oriente Médio, passando pelo Brasil (citam-se *Baye* e *Fernandobuck*), pelo Caribe e pelos Açores, por Itália e Espanha, e por várias ilhas do Mediterrâneo, como Chipre, fazendo das aventuras de Davies algo extraordinário pelo número de paragens alegadamente visitadas. Logo após a tábua, o autor avisa que não inclui nela locais familiares em que esteve, como a França, os Países Baixos, a Irlanda ou a Inglaterra, esta última alcunhada de "jardim do mundo". De todas as cidades e sítios elencados, seu projeto, segundo explica, é selecionar doze "lugares principais": três cidades e três ilhas de cristãos, e três ilhas e três cidades de "infiéis".

Na sexta posição, entre Nápoles e Malta, figura o rio das Amazonas, nas "Índias Ocidentais".[59] Depois dessa tábua, Davies acrescenta uma lista de testemunhas às quais pediu que subscrevessem seu manuscrito, capitães — como Robert Thornton — e armadores, além de colegas cirurgiões-barbeiros, homens com quem teve contato durante seu cativeiro e que poderiam atestar a verdade das aventuras narradas. Afirma, ainda, que "muitos outros, nobres, cavalheiros, fidalgos, donos de navios, capitães"[60] que o viram em seus anos de escravidão poderiam testemunhar, mas preferiu não incomodá-los. Dessa forma, o autor pretende assegurar a "verdade" do que escreve.

É somente depois da invocação das testemunhas, com nome e sobrenome, que se inicia a narrativa em primeira pessoa, no mesmo tom picaresco das memórias de Anthony Knivet e de Peter Carder. *A True Relation of the Travailes and Most Miserable Captiuitie* também é um cruzamento entre o relato de viagem e a novela ao estilo do *Lazarillo* espanhol, retratando um personagem que passa por agruras em série em meio a peripécias inacreditáveis. O livro é dividido em doze seções, uma para cada um dos lugares destacados. A narrativa das aventuras se dá ao mesmo tempo que a descrição das cidades, dos sítios e dos costumes dos povos, efetuando-se uma junção peculiar entre autobiografia e geografia.

Após uma pequena introdução em que Davies registra ter saído de Londres em 14 de janeiro de 1597, suas peripécias vão sendo narradas lugar a lugar, começando por Civitavecchia, porto próximo a Roma, seguindo por Argel e Túnis — onde o navio em que está é atacado por uma frota do grão-duque da Toscana —, e continuando em Livorno, onde vive como escravo, é explorado nas galés, e finalmente é libertado graças a Robert Thornton, que intercede junto ao duque. Davies acaba voltando para Londres em 14 de janeiro de 1614.

No trecho incluído na presente edição, conhecemos as observações que Davies fez na viagem pelo rio Amazonas. Sua narrativa reforça o interesse e o fascínio, evidentes em outros textos aqui traduzidos, pelo exotismo das terras do Brasil, expresso na flora, na fauna e em particular nos povos nativos. Ainda acerca do rio Amazonas, Davies, na última seção de seu livro, apresenta um relato a respeito das amazonas, míticas mulheres guerreiras que habitavam, segundo ele, uma ilha chamada Morria, ecoando a relação sobre o "descobrimento" da Guiana de seu conterrâneo Walter Raleigh, que também tratou das fabulosas indígenas, igualmente avistadas e descritas por Gaspar de Carvajal e outros viajantes.

A viagem toscana ao Amazonas era praticamente desconhecida dos historiadores brasileiros até a segunda metade do século XX. Sérgio Buarque de Holanda, seguindo uma alusão feita por Fernand Braudel em seu clássico livro sobre o Mediterrâneo, vai aos arquivos florentinos e lá descobre documentos inéditos, que publica, em 1967, no artigo "Os projetos de colonização e comércio toscanos no Brasil ao tempo do grão-duque Fernando I (1587-1609)", em que articula as ambições geopolíticas de Florença no Atlântico Sul à viagem ao Amazonas, bem como a um projeto toscano de envio de colonos ao Espírito Santo. Outro importante avanço é o artigo "Nas sendas de Sérgio Buarque de Holanda, documentos sobre uma expedição florentina à Amazônia, em 1608", de Carlos Zeron e Carlos Ziller Camenietzki, que traduzem integralmente o livro de William Davies e ainda publicam uma série de documentos pertinentes ao estudo da viagem.

Grande parte das narrativas aqui apresentadas se enquadra na mesma moldura. As coletâneas de Hakluyt e Purchas, o livro de Richard Hawkins e o panfleto de William Davies integram o projeto de forjar uma ideia de nação, uma emergente identidade imperialista, delineando um modelo de nacionalidade e de homem. Os relatos de viagem ingleses, como escrita da expansão, operam uma tradução cultural do Império Ibérico mesmo ao se posicionarem ideologicamente no anti-iberismo e na rivalidade política e religiosa que opunha católicos a protestantes. A emulação da Espanha é visível na maioria dos textos, e é produto das trocas transnacionais através das rotas atlânticas, que conectavam livros, experiências e conhecimento.

Ao longo dos anos em que foram lidos, em língua inglesa, os relatos alimentaram imagens e representações do Brasil e de seus habitantes. Ainda hoje descortinam um cenário instigante, em que emulação, experiência e ficção estão entrelaçadas. Como observa o clérigo e editor Samuel Purchas ao apresentar as viagens ao Brasil, num prólogo ao leitor, "o mar é um palco de oscilantes ondulações, e os ventos, teatro tanto para comédias como para tragédias".[61]

Mapa da América, de Diego Gutiérrez (1562), cosmógrafo contemporâneo de Sebastião Caboto

BIBLIOGRAFIA

A *briefe relation of the two sundry voyages made by the worshipful M. William Hawkins of Plymouth, father to sir John Hawkins knight, late treasurer of her maiesties navie, in the yeere 1530 and 1532*. In: Hakluyt, Richard. *The Third and Last Volume of the Voyages, Navigations, Traffiques, and Discoveries of the English Nation*, 1600, p. 700-1.

Achugar, Hugo; Moraña, Mabel (ed.). *Uruguay, imaginarios culturales*, v. 1: *Desde las huellas indígenas a la modernidad*. Montevidéu: Trilce ediciones, 2000.

Acosta, José de. *Historia natural y moral de las Indias*. Estudo preliminar e ed. de pe. Francisco Mateos. Alicante: Biblioteca Virtual Miguel de Cervantes, 1999, a partir de Madri: Atlas, 1954.

Acosta y Lara, Eduardo F. "Los chaná-timbues en la antigua banda oriental". *Anales del Museo de Historia Natural de Montevideo*, sér. 2, v. VI, n.º 5, 1955.

Alves, V. S.; Soares, A. B. A.; Couto, G. S. "Aves marinhas e aquáticas das ilhas do litoral do estado do Rio de Janeiro". In: Branco, J. O. (org.). *Aves marinhas e insulares brasileiras. Biologia e conservação*. Itajaí: Univali Editora, 2004.

Anchieta, Pe. José de. *Cartas. Correspondência ativa e passiva. Obras completas*, v. 6. Pesquisa, introd. e notas de pe. Hélio Abranches Viotti, SJ. São Paulo: Loyola, 1984.

_____. *Cartas jesuíticas 3. Informações, fragmentos históricos e sermões*. Belo Horizonte: Itatiaia; São Paulo: Edusp, 1988.

_____. *Textos históricos*. Introd. e notas de pe. Hélio Abranches Viotti, SJ. São Paulo: Loyola, 1989.

Andrews, Kenneth R. *Elizabethan Privateering: English Privateering during the Spanish War, 1585-1603*. Cambridge: Cambridge University Press, 1966.

_____. "Beyond the equinocial: England and South America in the sixteenth century". *The Journal of Imperial and Commonwealth History*, 1981, 10:1, p. 4-24.

_____. *Trade, Plunder and Settlement. Maritime Enterprise and the Genesis of the British Empire. 1480-1630*. Cambridge: Cambridge University Press, 1984.

Aparicio, Francisco. "The archeology of the Parana river". In: Steward, Julian H. (ed.). *Handbook of South American Indians*, v. 3: *The Tropical Forest Tribes*. Smithsonian Institution, Bureau of American Ethnology, Bulletin 143. Washington: United States Government Printing Office, 1948.

Archer, Ian W. "Staper, Richard (c. 1540-1608)". *Oxford Dictionary of National Biography*. Oxford University Press, maio 2008. Disponível em: http://www.oxforddnb.com/view/article/49969.

Armitage, David. *The Ideological Origins of the British Empire*. Cambridge: Cambridge University Press, 2000.

Baigent, Elizabeth. "Davies, William (fl. 1598-1614)". *Oxford Dictionary of National Biography*. Oxford University Press, 2004. Disponível em: http://www.oxforddnb.com/view/article/7272.

Barlow, Roger. *A Brief Summe of Geographie*. Ed., introd. e notas de Eva G. R. Taylor. Londres: Hakluyt Society, 1932.

Beckingham, C. F. "Lancaster, Sir James (1554/5-1618)". *Oxford Dictionary of National Biography*. Oxford University Press, 2004.

Berger, Paulo; Winz, Antonio Pimentel; Guedes, Max Justo. "Incursões de corsários e piratas na costa do Brasil". In: *História naval brasileira*, v. 1, t. II. Rio de Janeiro: Serviço Geral de Documentação da Marinha, 1975, p. 475-521.

Bethel, Leslie. *Brazil by British and Irish Authors*. Oxford: Centre for Brazilian Studies, 2003.

Bradley, Peter T. *British Maritime Enterprise in the New World: from the Late Fifteenth to the Mid-Eighteenth Century*. Lewiston, NY: Edwin Mellen Press, 1999.

Brandão, Ambrósio Fernandes. *Diálogos das grandezas do Brasil*. Salvador: Progresso, 1956.

Brenner, Robert. *Merchants and Revolution: Commercial Change, Political Conflict, and London's Overseas Traders, 1550-1653*. Londres: Verso, 2003.

Burns, E. Bradford (ed.). *A Documentary History of Brazil*. Nova York: Alfred A. Knopf, 1966, p. 51-54.

Carder, Peter. "The relations of Peter Carder, of Saint Verian in Cornwall, within seven miles of Falmouth, wich went with Sir Francis Drake in his voyage about the world, begun 1577. who with seven others in an open pinasse or shallop of five tuns, with eight oares was separeted from his generall by soule weather in the south sea, in october, An. 1578. who returning by the straites of Magellan toward Brasill were all cast away, save this one only afore named, who came into England nine yeeres after miraculously, having escaped many strange dangers, as well among divers savages as christians". In: Purchas, Samuel. *Hakluytus Posthumus or Purchas his Pilgrimes in Five Bookes. The Fourth Part*. Londres: impresso por William Stansby para Henrie Fetherstone, 1625, p. 1187-90.

Cardim, Fernão. *Tratados da terra e gente do Brasil*. Transcrição do texto, introd. e notas de Ana Maria Azevedo. Lisboa: CNCDP, 1997.

Cartas jesuíticas 2. Cartas avulsas. Azpilcueta Navarro e outros. Ed. de Vale Cabral. Belo Horizonte: Itatiaia; São Paulo: Edusp, 1988.

Childs, David. *Pirate Nation: Elizabeth I and her Royal Sea Rovers*. Barnsley: Seaforth, 2014.

Cobo, Bernabé. *Historia del Nuevo Mundo*. Sevilha: E. Rasco, 1890.

"Copia de la carta del gobernador del Tucumán, Juan Ramírez de Velasco, al Conde del Villar, Virrey del Perú, sobre la nueva que se obtuvo de ingleses corsários". In: *Historia de la Compañía de Jesús en la Provincia Del Paraguay (Argentina, Paraguay, Uruguay, Perú, Bolivia, y Brasil) según los documentos originales del Archivo General de Indias extractados y anotados por El R. P. Pablo Pastells, SJ*, t. I. Madri: Librería general de Victoriano Suárez, 1912, p. 30-1.

Dalton, Heather. "Fashioning New Worlds from old words: Roger Barlow's *A Brief Summe of Geographie, c.* 1541". In: Bailey, L.; Digelmann, L.; Phillips, E. *Old Worlds, New Worlds: European Cultural Encounters, c. 1000-c. 1750. Late Medieval and Early Modern Studies*, 18. Turnhout: Brepols, 2009.

Davies, William. *Miserable Captiuitie of William Dauies, Barber-Surgion of London*. Londres: Thomas Snodham, 1614.

Edwards, Philip. *Last Voyages. Cavendish, Hudson, Ralegh, The Original Narratives*. Oxford: Clarendon Press, 1988.

Filicaya, Baccio de. "Première lettre de Baccio di Filicaya, capitaine d'artillerie au Brésil, adressée au Grand-Duc Ferdinand Ier. De Lisbonne, 30 août 1608.// Seconde lettre de Baccio di Filicaya, au secrétaire du Grand-Duc Ferdinand I". In: Kinvet, Anthony. *Un*

Aventurier Anglais au Brésil. Les tribulations d'Anthony Knivet (1591). Introd., trad. e notas de Ilda Mendes dos Santos. Paris: Chandeigne, 2003.

Foster, William (ed.). *The Voyages of Sir James Lancaster to Brazil and the East Indies. 1591-1603.* Introd. e notas de Sir William Foster. Londres: Hakluyt Society.

Galvão, Sebastião de Vasconcellos. "Geografia pernambucana. Município do Recife". *Revista do Instituto Arqueológico e Geográfico Pernambucano,* n.º 52. Pernambuco: Tipografia do Jornal do Recife, 1899, p. 232-338.

Gama, José Bernardo Fernandes. *Memórias históricas da província de Pernambuco.* Pernambuco: *Tipografia de* M. F. *de Faria,* 1844-48.

Gândavo, Pero de Magalhães. *A primeira história do Brasil. História da província Santa Cruz a que vulgarmente chamamos Brasil.* Ed. Sheila Hue e R. Menegaz. Rio de Janeiro: Zahar, 2004.

Gaspar da Madre de Deus. *Memórias para a história da capitania de S. Vicente.* Lisboa: Tipografia da Academia Real das Ciências, 1797.

Greenblatt, Stephen. *Renaissance Self-Fashioning: from More to Shakespeare.* Chicago: University of Chicago Press, 1980.

Grigges, Thomas. "Certaine notes of the voyage to Brasill with the *Minion of London* aforesaid, in the yeere 1580, written Thomas Grigges Purser of the said shippe". In: Hakluyt, Richard. *The Principall Navigations, Voiages and Discoveries of the English Nation.* Londres: George Bishop e Ralph Newberie, 1589, p. 641-3.

Hair, P. E. H. "Material on Africa (Other than the Mediterranean and Red Sea Lands) and on the Atlantic Islands, in the Publications of Samuel Purchas, 1613-1626". *History in Africa,* v. 13, 1986, p. 117-59.

Hakluyt, Richard. *The Principall Navigations, Voiages and Discoveries of the English Nation, Made by Sea or over Land, to the Most Remote and Farthest Distant Quarters of the Earth at Any Time within the Compasse of These 1500 Yeeres: Divided into Three Severall Parts, According to the Positions of the Regions whereunto They Were Divided*. Londres: George Bishop e Ralph Newberie, 1589.

_____. *The Third and Last Volume of the Voyages, Navigations, Traffiques, and Discoveries of the English Nation, and in Some Few Places, where They Have Not Been, of Strangers, Performed within and before the Time of These Hundred Yeeres, to All Parts of the Newfound World of America, or the West Indies, from 73. Degrees of Northerly to 57. Southerly Latitude. Collected by Richard Hakluyt Preacher*. Londres: George Bishop e Ralph Newberie, 1600.

_____. *Principall Navigations*, v. xvi, parte ii. Ed. de Edmund Goldsmid. Londres: E. &. G. Goldsmid, 1890.

Hartog, François. *O espelho de Heródoto: Ensaio sobre a representação do outro*. Trad. de Jacyntho Lins Brandão. Belo Horizonte: Editora UFMG, 2014.

Hawkins, Richard. *The Observations of Sir Richard Hawkins, in his Voyage into the South Sea. Anno 1593* [1622]. Ed. de C. R. Drinkwater Bethune. Londres: The Haklyut Society, 1867.

_____. *Traslado de una carta de Ricardo Hauquines, escrita en el Puerto de Perico, en seys de agosto, de 1594 años para embiar a su padre Juan Hauquines a Londres/traducida de lengua inglesa en lengua castellana* [*por un autor anónimo*]. Alicante: Biblioteca Virtual Miguel de Cervantes, 2012. Ed. digital a partir de *Corcillum: Estudios de traducción, lingüística y filología dedicados a Valentín García Yebra*. Madri: Arco/libros, 2006, p. 582-7.

Hodsdon, Christopher; Garrard, Anthonie; Bramlie, Thomas; Bird, John; Elkin, William. "A copie of the letters of the Adventurers for Brasill sent to John Whithall dwelling in Santos, by the *Minion of London*. Ano 1580 the 24 of October in London". In: Hakluyt, Richard. *The Principall Navigations, Voiages and Discoveries of the English Nation*. Londres: George Bishop e Ralph Newberie, 1589, p. 640-1.

Holanda, Sérgio Buarque de. "Os projetos de colonização e comércio toscanos no Brasil ao tempo do grão-duque Fernando I (1587-1609)". *Revista de História*, 142-143 (2000), 95-122.

Holmes, Peter. "Clifford, George, Third Earl of Cumberland (1558--1605)". *Oxford Dictionary of National Biography*. Oxford University Press, 2004.

Hue, Sheila Moura. "Ingleses no Brasil: relatos de viagem. 1526-1608". *Anais da Biblioteca Nacional*. Rio de Janeiro, v. 126 (2006), 2009, p. 7-68.

_____. "Esta viagem é tão boa quanto qualquer viagem ao Peru". "O *Minion of London* no Brasil (1581)". *História* [online], 2013, v. 32, n.º 1, p. 31-52. ISSN 1980-4369. Disponível em: http://dx.doi.org/10.1590/S0101-90742013000100004.

Hue, Sheila Moura (ed.). *Primeiras cartas do Brasil. 1551-1555*. Rio de Janeiro: Zahar, 2006.

Hue, Sheila; França, Jean Marcel Carvalho. *Piratas no Brasil*. São Paulo: Globo, 2015.

Jane, John. "The last voyage of the worshipful M. Thomas Candish esquire, intended for the South Sea, the Philippinas, and the Coast of Chine, with three tall ships and two barks. Written by M. John Jane, a man of good observation, employed in the same and many other voyages". In: Edwards, Philip. *Last Voyages. Cavendish, Hudson, Ralegh, The Original Narratives*. Oxford: Clarendon Press, 1988.

Knivet, Anthony. *As incríveis aventuras e estranhos infortúnios de Anthony Knivet*. Introd. e notas de Sheila Moura Hue. Trad. de Vivien Kogut Lessa de Sá. Rio de Janeiro: Zahar, 2007.

_____. *The Admirable Adventures and Strange Fortunes of Master Anthony Knivet*. Ed. Vivien Kogut Lessa de Sá. Cambridge: Cambridge University Press, 2015.

Krauel, Blanca. "Events Surrounding Thomas Malliard's Will, an English Merchant in Seville (1522-1523)". *Proceeding of the II Conference of SEDERI*, 1996, p. 157-65.

Laguarda Trías, Rolando A. "Pilotos portugueses en el Rio de la Plata durante el siglo XVI". *Revista da Universidade de Coimbra*, v. XXXIV, 1988, p. 57-84.

Laughton, John Knox. "Philips, Miles". *Dictionary of National Biography*, v. 45, 1885-1900.

Leite, Serafim. *História da Companhia de Jesus no Brasil*, t. I. Lisboa: Portugalia, 1938.

Léry, Jean de. *Viagem à terra do Brasil*. Belo Horizonte: Itatiaia; São Paulo: Edusp, 1980.

Loades, David. "Hawkins, Sir Richard (c. 1560-1622)". *Oxford Dictionary of National Biography*. Oxford University Press, 2004.

Makepeace, Margaret. "Philips, Miles [Miguel Perez] (b. c. 1554)". *Oxford Dictionary of National Biography*. Oxford University Press, 2004. Disponível em: http://www.oxforddnb.com/view/article/22125.

Markham, Clements R. (ed.). *The Voyages of Sir James Lancaster to the East Indies etc*. Londres: Hakluyt Society, 1827.

_____. (ed.). "The Voyage of Captain James Lancaster to Pernambuco".

In: *The Voyages of Sir James Lancaster to the East Indies etc.* Londres: Hakluyt Society, 1827, p. 35-56.

Marlowe, Christopher. *Tamburlaine*. Mineola, NY: Dover Thrift Editions, 2002.

Marsden, Reginald G. "Voyage of the *Barbara of London* to Brazil in 1540". *English Historical Review*, XXIV, 1909, p. 96-100.

_____. (ed.). "Voyage of the *Barbara* to Brazil, anno 1540". In: Laughton, Sir John Knox (ed.). *The Naval Miscellany*, II. Londres: The Navy Records Society, 1912.

Mello, Amilcar d'Ávila. *Expedições e crônicas das origens: Santa Catarina na era dos descobrimentos geográficos*. Florianópolis: Expressão, 2005.

Métraux, A. "Tribes of slopes of Bolivian Andes". In: Steward, Julian H. (ed.). *Handbook of South American Indians*, v. 3, *The Tropical Forest Tribes*. Smithsonian Institution, Bureau of American Ethnology, Bulletin 143. Washington: United States Government Printing Office, 1948.

Monardes, Nicolás. *Primera y segunda y tercera partes de la Historia Medicinal de las cosas que se traen de nuestras Indias Ocidentales que sirven en medicina*. Sevilha: Fernando Diaz, 1580.

Morgan, Basil. "Hawkins, William: merchant and sea captain". *Oxford Dictionary of National Biography*. Oxford University Press, 2004-14.

"O corsário James Lancaster em Pernambuco, 1595". Trad. de Alfredo de Carvalho. *Revista do Instituto Arqueológico e Geográfico Pernambucano*, v. XIII, 1908, p. 441-63.

Online Etymology Dictionary. www.etymonline.com

Oviedo y Valdés, Gonzalo Fernandez. *Historia general y natural de las Indias*, t. 1 da segunda parte. Madri: Imprenta de la Real Academia de la Historia, 1852.

Oxford English Dictionary. Oxford: Oxford University Press, 2014.

Palmer, Philip S. "All suche matters as passed on this voyage": "Early English Travel Anthologies and the Case of John Sarracoll's Maritime Journal (1586-87)". *Huntington Library Quarterly*, v. 76, n. 3 (outono 2013), p. 325-44.

Pantaleão, Olga. "Um navio inglês no Brasil em 1581; a viagem do 'Minion of London'". *Revista de Estudos Históricos*. Marília, n.º 1, jun. 1963, p. 45-93.

Porchat, Edith. *Informações históricas sobre São Paulo no século de sua fundação*. São Paulo: Iluminuras, 1993.

Purchas, Samuel. *Purchas his Pilgrimage, or Relations of the World and the Religions Observed in All Ages and Places Discouered, from the Creation vnto this Present. In Foure Partes. This First Containeth a Theologicall and Geographicall Historie of Asia, Africa, and America, with the Ilands Adiacent*. Londres: William Stansby para Henrie Fetherstone, 1613.

_____. *Hakluytus Posthumus or Purchas his Pilgrimes in Five Bookes. The Second Part*. Londres: impresso por William Stansby para Henrie Fetherstone, 1625.

_____. "Relations of Master Thomas Turner who lived the best part of two yeeres in Brasil, which I received of him in conference touching his travels". In: Purchas, Samuel. *Hakluytus Posthumus or Purchas his Pilgrimes in Five Bookes. The Fourth Part*. Londres: impresso por William Stansby para Henrie Fetherstone, 1625, p. 1243.

Ramírez, Luis. "Carta de Luis Ramírez a su padre desde el Brasil (1528): origenes de lo 'real maravilloso' en el cono sur". Introd., ed., transcrição e notas de Juan Francisco Maura. *Col. Textos de la revista Lemir*, 2007. Disponível em: http://parnaseo.uv.es/Lemir/Textos/Ramirez.pdf.

Rayon, José Sancho; Zabalburu, Francisco de. *Coleccion de documentos inéditos para la historia de España. Correspondencia de Felipe II con sus embajadores en la corte de Inglaterra. 1558 á 1584*, t. XCI. Madri: M. Ginesta Hermanos, 1888.

_____. *Coleccion de documentos inéditos para la historia de España. Correspondencia de Felipe II con sus embajadores en la corte de Inglaterra. 1558 á 1584*, t. XCII. Madri: M. Ginesta Hermanos, 1888.

"Relación del viaje del Brasil que por mandado del Reverendísimo señor Obispo de Tucumán se ha hecho para traer religiosos de la Compañía de Jesús en la Provincia del Paraguay". In: *Historia de la Compañía de Jesús en la Provincia del Paraguay (Argentina, Paraguay, Uruguay, Perú, Bolivia, y Brasil) según los documentos originales del Archivo General de Indias extractados y anotados por El R. P. Pablo Pastells*, SJ, t. I. Madri: Librería general de Victoriano Suárez, 1912, p. 31-45.

Roberts, Henry. "Lancaster his allarums, honorable assaults and surprising of the block-houses and store-houses belonging to Fernand Bucke in Brasil" (Londres: W. Barley, 1595). In: *The Voyages of Sir James Lancaster to Brazil and the East Indies. 1591-1603*. Introd. e notas de Sir William Foster. Londres: Hakluyt Society, 1940, p. 52-73.

Sá, Vivien Kogut Lessa de. *Between Elizabethan England and Brazil: a Critical Edition of Anthony Knivet's "Admirable Adventures"*. Tese de doutorado. Department of Literature, Film and Theatre Studies, University of Essex, set. 2011.

_____. "O manuscrito roubado e o poeta elisabetano: encontros no Brasil no século dezesseis". In: Medeiros, Fernanda Teixeira de (org.). *Feminismos, identidades, comparativismos: vertentes nas literaturas de língua inglesa*, v. XI. Rio de Janeiro: Letra Capital, 2013.

Santa Cruz, Alonso de. *Islario general de todas las islas del mundo. Prólogo de d. Antonio Blásquez*. Madri: Real Sociedade de Geografia, 1918.

Sarracoll, John. "The voiage set out by the right honorable the Earl of Cumberland, in the yeere 1586, intended for the South Sea, but performed no farther then the latitude of 44. deg. To the south of the Equinoctiall, written by John Sarracoll Merchant in the same voyage". In: Hakluyt, Richard. *The Principall Navigations*. Londres: George Bishop e Ralph Newberie, 1589, p. 793-803.

Schwartz, Stuart B. *Sovereignty and Society in Colonial Brazil. The High Court of Bahia and Its Judges. 1609-1751*. Berkeley; LA; Londres: University of California Press, 1973.

Serrão, Joaquim Veríssimo. *O Rio de Janeiro no século XVI. Documentos dos arquivos portugueses*, v. 2. Lisboa: Edição da Comissão Nacional das Comemorações do IV Centenário do Rio de Janeiro, 1965.

Skelton, R. A. "Cabot, Sebastian, Italian explorer and cosmographer; son of John Cabot; leader of an expedition for discovery of a northwest passage, 1508-9"; *fl. c. 1484-1557. Dictionary of Canadian biography online*.

Soares, Francisco. "A letter of Francis Suarez to his brother Diego Suarez dwelling in Lisbon, written from the river of Jenero in Brasil in June 1596, concerning an exceeding rich trade newly begunne betweene that place and Peru, by the way of the river of Plate, with small barks of 30 or 40 tunnes". In: Hakluyt, Richard. *The Third and Last Volume of the Voyages, Navigations, Traffiques, and Discoveries of the English Nation*. Londres: George Bishop, Ralfe Newberie e Robert Barker, 1600, p. 706-8.

Soares, Francisco. *Coisas notáveis do Brasil*. Introd. e ed. de A. G. Cunha. Instituto Nacional do Livro, Ministério da Educação e Cultura, 1966.

Sousa, Gabriel Soares de. *Tratado descritivo do Brasil em 1587*. Ed. de Francisco Adolfo de Varnhagen. São Paulo: Companhia Editora Nacional; Brasília: Instituto Nacional do Livro, 1987.

Strum, Daniel. *O comércio do açúcar: Brasil, Portugal e Países Baixos (1595-1630)*. São Paulo, 2012.

Taylor, Eva G. R. "Introduction". In: *A Brief Summe of Geographie by Roger Barlow*. Ed., introd. e notas de E. G. R. Taylor. Londres: Hakluyt Society, 1931.

_____. (ed.). *The Troublesome Voyage of Captain Edward Fenton. 1582--1583. Narratives and Documents*. Londres: Hakluyt Society, 1959.

"The well governed and prosperous voyage of M. James Lancaster, begun with three ships and a galley-frigat from London in October 1594, and intended for Fernambuck, the port-towne of Olinda in Brasil. In which voyage (besides the taking of nine and twenty ships and frigats) he surprized the sayd port-towne, being strongly fortified and manned; and held possession thereof thirty dayes together (notwithstanding many bolde assaults of the enemy both by land and water) and also providently defeated their dangerous and almost inevitable fire-works. Heere he found the cargazon of freight of a rich East Indian carack; which together great abundance of sugars, Brasil-wood, and cotton he brought from thence; lading there with fifteene sailes of tall ships and barks". In: Hakluyt, Richard. *The Third and Last Volume of the Voyages, Navigations, Traffiques, and Discoveries of the English Nation*. Londres: George Bishop, Ralfe Newberie e Robert Barker, 1600, p. 708-15.

Thevet, André. *As singularidades da França Antártica*. Trad. de Eugenio Amado. Belo Horizonte: Itatiaia; São Paulo: Edusp, 1978.

Trías, Rolando A. Laguarda. "A expedição de Sebastião Caboto". In:

História naval brasileira, v. 1, t. 1. Rio de Janeiro: Ministério da Marinha, 1975, p. 303-38.

Vaz, Lopez. "A discourse of the West Indies and South sea written by Lopez Vaz a Portugal, borne in the citie of Elvas, continued unto the yere 1587. Wherein among divers rare things not hitherto delivered by any other writer, certaine voyages of our Englishmen are truely reported: which was intercepted with the author thereof at the river of plate, by Captaine Withrington and Captaine Christopher Lister, in the fleete set foorth by the right honorable the Earle of Cumberland for the South Sea in the yeere 1586". In: Hakluyt, Richard. *The Third and Last Volume of the Voyages, Navigations, Traffiques, and Discoveries of the English Nation*. Londres: George Bishop e Ralph Newberie, 1600, p. 778-802.

Vicente do Salvador, Frei. *História do Brasil 1500-1627*. Belo Horizonte: Itatiaia; São Paulo: Edusp, 1982.

Visconde de Santarém. *Quadro elementar das relações políticas e diplomáticas de Portugal com as diversas potências do mundo*. 2.ª ed. Lisboa: Academia Real das Sciencias de Lisboa, 1865. t. xv.

Voigt, Lisa. *Writing Captivity in the Early Modern Atlantic: Circulations of Knowledge and Authority in the Iberian and English Imperial Worlds*. Chapel Hill: University of North Carolina Press, 2009.

Wardall, John. "On Phellippe and Jacobbes day…". In: Burns, E. Bradford (ed.). *A Documentary Story of Brazil*. Nova York: Alfred A. Knopf, 1966, p. 51-4.

Whithall, John. "A Letter written to M. Richard Staper by John Whital from Santos in Brasil, the 26. of June 1578". In: Hakluyt, Richard. *The Principall Navigations, Voiages and Discoveries of the English Nation*. Londres: George Bishop e Ralph Newberie, 1589, p. 638-43.

Willen, Thomas Stuart. *Studies in Elizabethan Foreign Trade*. Manchester: The University of Manchester Press, 1959.

Zeron, Carlos Alberto de Moura Ribeiro; Camenietzki, Carlos Ziller. "Nas sendas de Sérgio Buarque de Holanda: Documentos sobre uma expedição florentina à Amazônia, em 1608". *Revista de História*, São Paulo, USP, 142-143, 2000, p. 123-211.

NOTAS

WITHRINGTON E LISTER ATACAM A BAHIA EM 1587
(P. 11-46)

1 Dartmouth, no litoral sudoeste da Inglaterra no canal da Mancha, era um dos portos mais usados na Inglaterra elisabetana por navios que partiam em viagens transatlânticas.

2 Santa Cruz do Cabo de Guer, entreposto comercial português; atual Agadir, na costa do Marrocos.

3 Fuerteventura, uma das ilhas Canárias, bem próxima ao continente africano.

4 Provavelmente, o rio Gâmbia.

5 Em frente à atual Guiné-Bissau.

6 A serra localiza-se na atual Serra Leoa, na península onde se encontra a capital, Freetown.

7 *Negroes*, no original.

8 *Botija*, em espanhol, no original.

9 Febre que acometia marinheiros nos trópicos e era acompanhada por delírios.

10 Abaixo de Santa Catarina. Na versão manuscrita, Sarracoll registra a chegada ao litoral do Brasil, na altura do cabo de Santo Agostinho, em 18 de dezembro, a passagem ao largo dos Abrolhos em 23, e em seguida do trópico de Capricórnio, e lamenta as muitas mortes, por doença, dos homens da tripulação, as quais vão ocorrendo enquanto eles descem a costa do Brasil.

11 Provavelmente em Araranguá, no sul do atual estado de Santa Catarina.

12 Thomas Fields, o jesuíta irlandês, fazia parte de um grupo de seis religiosos, de várias origens, um italiano, um catalão, um português e um natural de Ceuta, enviados pelos jesuítas do Brasil para Tucumã.

13 O português d. Francisco de Victoria, bispo de Tucumã, tinha dado início ao comércio entre Buenos Aires e o Brasil.

14 De acordo com um relato espanhol sobre a viagem, "traziam muitos livros e muitas relíquias de santos, algumas delas mui grandes, e muitos ágnus-deis e muitas imagens", que os ingleses teriam atirado ao mar, num ato de iconoclastia "luterana" comum nas narrativas ibéricas sobre os ataques de corsários.

15 A frota de Edward Fenton passou pelo Brasil em 1582; um de seus navios, comandados por John Drake, sobrinho de Francis Drake, naufragou no Rio da Prata. John Drake conseguiu chegar a Buenos Aires e de lá foi mandado, preso, para Lima, a capital do Vice-reino do Peru.

16 Buenos Aires.

17 Ilha das Focas: *Seal Island*, no original. Trata-se da ilha dos Lobos, no Uruguai, que em outros relatos é designada como ilha dos Pinguins ou ilha dos Lobos-marinhos. A ilha Verde, Green Island, é a atual ilha de Maldonado, Uruguai.

18 Provavelmente Lope Vasques Pestana (Lopez Vaz, nos documentos ingleses), mercador português atuante na rota comercial Brasil-Rio da Prata-Potosí, autor de um extenso depoimento sobre a região do Rio da Prata e a história recente do Vice-reino do Peru, documento capturado da nau em que viajava e posteriormente publicado, em várias versões, nas coletâneas de Richard Hakluyt e Samuel Purchas.

19 Richard Hawkins, cuja narrativa se encontra a partir da p. 81.

20 No original, *gundelo*, pequeno barco de fundo chato movido a remo, derivação de "gôndola".

21 O piloto Pedro Anes e o mercador Lope Vasques Pestana, capturados das naus comerciais pertencentes ao bispo de Tucumã.

22 Salvador.

23 Lister.

24 A frota estava na altura de Santa Catarina.

25 No original, *Camana*.

26 Salvador.

27 Os barcos acompanhavam as embarcações do bispo de Tucumã.

28 Importante porto holandês de Vlissingen, cujo nome inglês é Flushing. A urca pertencia ao comerciante flamengo Duarte Osquer ou Osquis, radicado em Salvador e casado com uma portuguesa.

29 A ilha é Itaparica.

30 No original, "*entrad, entrad*".

31 Em outras narrativas inglesas, como a de Anthony Knivet e a do ataque de James Lancaster a Pernambuco, observamos que era prática comum índios fugirem de "seus senhores", tentarem se aliar aos invasores e lhes fornecerem informações.

32 Em espanhol no original: "*Todo esta cacado en Tierra*".

33 No manuscrito, Sarracoll anota que a frota atacou também engenhos em Morro de São Paulo ("*moro de St. Pawlo*").

34 Provavelmente John Dallamore, marinheiro experiente e veterano em viagens pela América do Sul.

35 Governava o Brasil, desde a morte do governador-geral Manuel Teles, uma junta formada pelo bispo d. Antônio Barreiros e pelo provedor-mor Cristóvão de Barros.

36 Morro de São Paulo.

37 Na verdade, "*a pint*", ou seja, 0,568 litro.

O SAQUE DO RECIFE POR JAMES LANCASTER EM 1595 (P. 47-80)

1 Blackwall fica a leste de Londres, no rio Tâmisa, um porto costumeiro para partida de navios da cidade em busca do mar.

2 Na atual Mauritânia.

3 Uma das ilhas Canárias.

4 A nau *São Pedro*, que se desviara da rota seguida pelas demais quatro naus da Carreira da Índia daquele ano.

5 *Arrezife*, no original.

6 A ilha de Maio, em Cabo Verde.

7 O corsário inglês Edward Fenner.

8 O capitão locotenente de Olinda, d. Felipe de Moura.

9 Segundo o panfleto laudatório publicado logo após a volta da frota à Inglaterra, em 1595, escrito pelo autor de baladas Henry Roberts, seriam mil homens.

10 O panfleto escrito por Roberts é irônico sobre a fuga dos portugueses, dizendo que corriam "tão rápido como uma lebre fugindo de um ávido greyhound".

11 No original, *Calico-cloth*, ou "tecido de Calicute", termo genérico

usado na época para designar tecidos de algodão importados do Oriente.

12 Segundo o panfleto inglês, Lancaster teria comandado pessoalmente essa última ação militar contra os portugueses de Olinda.

13 Seriam 5 mil portugueses e índios ("inimigos sem piedade") contra menos de trezentos ingleses ("leões lutando por seu país e sua rainha"), segundo o patriótico panfleto de Henry Roberts.

14 No original inglês há um "&c.", sugerindo que houve supressão de uma parte do texto, ou seja, um corte realizado pelo editor, Richard Hakluyt.

15 No original, *Peranjew*. Provavelmente Pitimbu, no atual estado da Paraíba, porto de grande profundidade e abrigado, também conhecido como Porto dos Franceses.

A VIAGEM DE RICHARD HAWKINS EM 1593 (P. 81-109)

1 Na passagem pelo equador a tripulação começou a sofrer de escorbuto. Cerca de quarenta homens morreram e muitos dos restantes se encontravam doentes.

2 Trata-se de Vitória, Espírito Santo.

3 Um integrante da viagem de Thomas Cavendish em 1591.

4 O capitão-mor Miguel de Azeredo, que dois anos antes havia defendido a vila do ataque do inglês Thomas Cavendish, cujos homens tentaram tomar os dois fortes que protegiam o porto, mas foram repelidos pelas forças coloniais compostas de portugueses e índios. Enfrentara também ataques de corsários franceses.

5   No original, *besonios*. Hawkins usa várias palavras espanholas, lembrança dos oito anos em que viveu, como prisioneiro, no Peru e na Espanha.

6   O capitão-mor Miguel de Azeredo inspirou o personagem Bom Governo do *Auto de São Maurício*, do padre José de Anchieta. Podem-se observar a índole e o bom senso do capitão-mor pela resposta bem-educada que dá a Richard Hawkins, mesmo tendo enfrentado um violento ataque do inglês Thomas Cavendish pouco tempo antes.

7   Em setembro de 1568, John Hawkins (pai de Richard Hawkins), acompanhado de Francis Drake em mais uma viagem de tráfico negreiro, aportou numa ilha próxima ao porto de San Juan de Ulúa, na costa do México, para reparar navios danificados. Embora inicialmente bem recebido pelos espanhóis locais, Hawkins e sua frota foram atacados durante a noite pela frota do novo vice-rei, apesar de um suposto acordo de não agressão. Os espanhóis expulsaram os ingleses, que sofreram pesadas perdas.

8   Em agosto de 1588, a Espanha enviou uma frota de 130 navios, conhecida como a Invencível Armada, para invadir a Inglaterra e destituir a rainha Elisabete I. Ventos contrários, desorganização no comando das naves espanholas e resistência da frota inglesa foram os principais motivos do grande fracasso da ofensiva. Somente cerca de dois terços da frota original conseguiram retornar à Espanha.

9   A Armada espanhola teria tentado uma fuga pelo mar do Norte.

10   O escorbuto.

11   Refere-se a Vitória, Espírito Santo.

12   Ou seja, foram dormir.

13   No original, *adjutants*.

14   Provavelmente, o Cabo de São Tomé, no atual estado do Rio de Janeiro.

15   A ilha de Santana, em frente à cidade de Macaé, Rio de Janeiro, fica a nove quilômetros da costa, maior ilha de um pequeno arquipélago formado também pela ilha do Francês e a ilhota do Sul. Hoje Parque Municipal e Área de Preservação Ambiental, ainda apresenta grande diversidade de aves e vegetação de Mata Atlântica.

16   Provavelmente, ninhos de atobás, ainda hoje abundantes nas ilhas.

17   *Portulaca oleracea L.*, planta medicinal.

18   Uma fruta semelhante à pitanga.

19   Nicolás Monardes (1493-1588), médico sevilhano, autor da *Historia medicinal de las cosas que se traen de Indias Occidentales nuestras, que sirven en medicina*, cuja primeira parte foi publicada em 1565, tendo ampla difusão e várias edições no século xvi.

20   São as "favas purgativas". Hawkins é extremamente fiel ao trecho em que Monardes descreve as favas, reproduzindo as mesmas indicações do médico sevilhano.

21   No original, *prickle-pears* (*prickly pears*), figo-da-índia, fruto de uma espécie de cáctus, também descrito por Monardes.

22   Abraham Cocke foi um dos tripulantes do *Minion of London* que desertaram do navio na Bahia. O piloto inglês também é citado no relato de John Sarracoll e na narrativa sobre a viagem de James Lancaster.

23   Rio Macaé.

24   Era uma estratégia comum capturar membros da embarcação inimiga que pudessem ser úteis. Nesse caso, o piloto português e o comerciante de Potosí, que orientariam Hawkins na navegação pela costa do Pacífico.

25 Thomas Cavendish, em 1592, ao retornar de sua fracassada travessia do estreito de Magalhães, passou pela capitania de São Vicente, onde pouco antes tinha tomado e saqueado a vila de Santos. Derrotado, resolveu voltar para a Inglaterra, mas morreu em plena viagem, no Atlântico.

26 O jovem inglês Anthony Knivet, em suas memórias, revela como de fato a frota estava sendo bem monitorada pelas autoridades coloniais.

27 Os ingleses desse período costumam designar a ilha Grande como Placentia. Hawkins faz uma distinção entre "Isla Grand", que seria a baía de Angra dos Reis, e Placentia, a ilha aprazível e a única habitada dessa região.

28 No original, *pinias*.

29 No original, *Mistecho*.

30 Ilha de Santana, em Macaé, mencionada acima.

31 Sobre o alto valor da cochonilha (inseto que produz corante vermelho), registra José de Acosta na *História natural e moral das Índias*: "É uma rica e grande mercadoria, vale a arroba dessa cochinilha muitos ducados. Na frota do ano de 1587 vieram [para a Espanha] 5 667 arrobas, que montaram 283 480 pesos, e de ordinário vem a cada ano semelhante riqueza".

32 Palavra da família linguística aruaque, integrada à língua espanhola, para designar "mandioca".

33 *Casabe*, palavra da família linguística aruaque, designa um pão indígena semelhante ao beiju. Deriva daí a palavra inglesa para "mandioca", *cassava*. Richard Hawkins usa o vocabulário da América espanhola por ter vivido longa temporada preso entre os espanhóis.

34 Talvez o jenipapo, *yandï'pawa* em tupi.

35 José de Acosta, na *História natural e moral das Índias*, fala sobre o delicado beiju de tapioca da América espanhola.

36 No original, *"manteca de puerco"*.

37 Palavra aruaque para "rede".

38 Hawkins provavelmente se refere às onças.

39 Víboras.

40 A cascavel, cujo chocalho fica na cauda.

41 No original, *"vynora with the bell"*.

42 Hawkins provavelmente se refere ao parasita intestinal popularmente conhecido como lombriga.

UM REI SELVAGEM NO PALÁCIO REAL (P. 111-13)

1 William Hawkins, próspero e influente comerciante de Plymouth durante o reinado de Henrique VIII e patriarca de uma linhagem de famosos navegadores, à qual pertence Richard Hawkins.

2 Uma viagem ao Brasil, posterior às do *Paul of Plymouth*, realizada em 1540 e amplamente documentada, rendeu a Hawkins 1000% de lucro na troca de machadinhas, pentes, facas, tecidos e metais por marfim e pau-brasil.

3 Na atual Libéria.

4 No sul de Pernambuco, acredita o historiador Basil Morgan.

5 Principal residência do rei, localizada em Westminster.

EXPEDIÇÃO À TERRA CANIBALES (P. 115-22)

1 Dia 1.º de maio.

2 Fernando de Noronha, onde se abasteceram de água. Num dos depoimentos dos tripulantes da viagem, a grafia é *Vernandus Luna*.

3 "*Land of Brasell*", no original.

4 Depois de avistarem o Cabo de São Roque, no atual estado do Rio Grande do Norte, ancoraram adiante, em Potenywe (ou Pontaiewe), provavelmente a região do rio Potengi, na atual cidade de Natal, onde os homens desembarcaram.

5 Pernambuco.

6 Pretendiam ir a Pernambuco.

7 Callybalde, Kennyballes ou Canibales localizava-se, segundo vários mapas da primeira metade do século XVI, entre o Cabo de São Roque e o Amazonas. Nos mapas de Dieppe, muito usados por pilotos franceses, como o mapa-múndi conhecido como *Harleian* ou *Dauphin* (c. 1530-40), Canibales se encontra numa vasta região ao norte do rio Amazonas.

8 O francês dizia ser criado de Monsieur de Rochepotte, provavelmente François de Montmorency, Seigneur de la Rochepot, nobre ligado ao rei Francisco I.

9 Quem ordena que saiam é o francês. Em outro depoimento sobre a viagem registra-se que o francês pede que se retirem da terra em nome de seu "senhor", o Monsieur de Rochepotte.

10 Segundo o depoimento de Richard Everton, tanto John Podde como seus companheiros foram devorados pelos *Kennyballes* (canibais). Sobre Podde, ele afirma: "Foi assassinado, cortado em pedaços, cozido e comido pelos selvagens".

11 O sobrevivente, Richard Everton, foi um dos depoentes no processo movido para apurar as irregularidades da viagem do *Barbara*.

UM NAVIO COMERCIAL INGLÊS EM SANTOS (P. 123-43)

1 Richard Staper, comerciante de Londres, um dos homens mais ricos da Inglaterra e figura de relevo na expansão comercial elisabetana.

2 No original, "*Ioffo Dore*". Giuseppe (José) Adorno, um dos pioneiros na colonização da capitania de São Vicente, personagem de destaque da elite colonial, dono do engenho São João, em Santos, e de vastas terras.

3 Respectivamente, o capitão-mor Jerônimo Leitão e o provedor Brás Cubas, duas das principais figuras da capitania de São Vicente; estiveram à frente de várias entradas em busca de minas de metais preciosos.

4 Edward Osborne, sócio do comerciante Richard Staper numa série de empresas comerciais e, sobretudo, na Levant Company e na Spanish Company.

5 Pensava-se, na época, que a capitania de São Vicente se encontrava próxima ao Vice-reino do Peru e que, por causa dessa proximidade geográfica, seria também rica em metais preciosos.

6 No original, "*Hampshire and Devonshire kerseys*", tecidos grossos de lã exportados pela Inglaterra.

7 A tradução da lista de mercadorias baseia-se na realizada por Olga Pantaleão em seu artigo sobre a viagem do *Minion of London* ao Brasil.

8 No original, *elles*, antiga medida usada no Norte da Europa. Um *ell* corresponde a cerca de 45 polegadas, ou aproximadamente um metro.

9   No original, *bayes*, também conhecido como "baeta", tecido de lã grosseiro e felpudo usado para a confecção de capas.

10 No original, *Manchester-cottons*.

11 No original, *Millan-fustan*.

12 Tecido grosseiro de lã.

13 No original, "*Northerne kerseys*".

14 No original, *sorting-clothes*, pequenas peças de vestuário feitas de lã de Somersetshire.

15 No original, *dozens*.

16 Tecido ordinário de lã leve.

17 Tecido feito com lã comprida e geralmente riscado, original da vila de Kersey em Suffolk, na Inglaterra.

18 No original, "*foure mases of gitterne strings*".

19 Bartolomew Holder, comerciante da Spanish Company radicado em Lisboa, trabalhava para os comerciantes londrinos Richard Staper e Edward Osborne.

20 Tecido ricamente adornado criado no século XII e que posteriormente veio a designar um tom de vermelho (escarlate).

21 Tecido de lã, normalmente negro, cujos fios eram tingidos antes da fiação.

22 "*John Leitoan*", no original.

23 No original, "&c", sugerindo abreviação do texto original, expediente editorial frequentemente usado por Richard Hakluyt e Samuel Purchas em suas coletâneas de viagens.

24 John Bird, mercador atuante na Spanish Company e no comércio

com o Marrocos. Robert Walkaden, grande exportador de tecidos, membro da Barbary Company e da Spanish Company.

25 Um dos tripulantes do *Minion*, Thomas Starre, viera com a tarefa de buscar salitre na região, o que demonstra o interesse dos mercadores ingleses e de Whithall na exploração desse produto.

26 O que de fato acontecerá ao longo da viagem do *Minion*, em que vários tripulantes desertam do navio.

27 No original, *"field bed"*, mais precisamente um leito pequeno, ornado de baldaquim arqueado.

28 Grandes mercadores de Londres, envolvidos nas atividades da Levant Company e na Spanish Company.

29 Na capitania de São Vicente, atual Ilhabela, muito frequentada por frotas inglesas ao longo do século XVI.

30 *Guaybea*, no original. Atual ilha de Santo Amaro, Guarujá, onde José Adorno, sogro de Whithall, tinha fundado a capela de Santo Amaro em suas terras.

31 Provavelmente, a ilha da Moela.

32 Jerônimo Leitão, um dos fundadores da capitania, foi capitão-mor durante vinte anos.

33 A *"field bed"*, com dossel, sanefas, frisos e borlas douradas referida na carta dos comerciantes a Whithall.

34 No original, *calivers*, um tipo de arcabuz pequeno.

35 O arquipélago de Alcatrazes.

36 Nessa época, fim de fevereiro de 1581, o exército de Filipe II já havia derrotado o do pretendente ao trono português, d. Antônio, o prior do Crato, e em breve, nas Cortes de Tomar, Filipe II seria aclamado

rei de Portugal. Entretanto, d. Antônio havia se associado à Inglaterra e à França contra o rei espanhol.

37 Thomas Michael, agente comercial, e Simon Thorne, marinheiro, foram à Bahia estabelecer contato com o irmão de José Adorno, Paulo Dias Adorno.

38 Stephen Hare, o mestre do navio, tinha o poder de arbitrar as desavenças entre os agentes comerciais e aplicar castigos físicos.

39 Bartolomeu Simões Pereira, prelado do Rio de Janeiro, cuja jurisdição incluía a capitania de São Vicente.

40 O bispo Antônio Barreiros e o prelado do Rio de Janeiro eram as maiores autoridades da Igreja no Brasil.

41 No original, "*Iosto Thorno*".

42 Babington e Evet tinham ficado na vila, após a conversa com os padres de Santos.

43 Os índios guaranis.

44 O relato acaba abruptamente, como se tivesse sido cortado pelo editor do texto, e não inclui a segunda parte da viagem, decorrida na Bahia.

THOMAS TURNER, MERCADOR DE ESCRAVOS (P. 145-49)

1 Samuel Purchas faz amplo uso da forma "etc." para sinalizar trechos que foram cortados do relato original. Um dos motivos, como ele mesmo afirma adiante, era evitar a repetição de dados presentes em outros relatos da sua antologia.

2 Os gigantes da Patagônia, referidos em grande parte dos relatos de viagem sobre a região.

3 Descritas por vários viajantes, as boleadeiras eram usadas por povos da Patagônia e dos pampas.

4 Capivaras.

5 A preguiça, chamada pelos índios de *ay*.

6 No original, *segouin*.

7 Refere-se à jiboia (*Boa constrictor*).

8 O comentário é do editor, Samuel Purchas, que preferiu cortar esse trecho do relato porque em outras narrativas por ele publicadas a descrição do gambá (os marsupiais eram desconhecidos dos europeus) já tinha sido feita.

9 Em nota marginal, o editor Purchas faz o seguinte comentário: "Este número talvez pareça inacreditável, e justificadamente. Contudo, Turner faz este relato cerca de um ano após uma grande batalha, o que também pode ser provável. O que se diz em geral é que vários milhares de escravos são embarcados todo ano de lá, de modo que os portugueses vão lucrando com as guerras tolas e vãs que os negros travam uns contra os outros".

10 João Pais Barreto era um dos mais ricos senhores de engenho de Pernambuco, tendo participado da conquista da Paraíba em 1585.

A *GEOGRAFIA BARLOW* (P. 151-70)

1 Uma das ilhas Canárias.

2 São Nicolau e ilha do Fogo, ilhas do arquipélago de Cabo Verde.

3 No original, *boladoras*.

4 Em Pernambuco.

5 Porto do rio Real, Mangue Seco, Bahia.

6 Macaé, no atual estado do Rio de Janeiro.

7 No original, *arasiphas*.

8 O estuário do rio Doce, no Espírito Santo, onde termina a região dos abrolhos.

9 Rio das Ostras.

10 Trata-se, provavelmente, da lagoa Feia.

11 O Cruzeiro do Sul.

12 Descrição da costa ao norte de Cabo Frio até o Nordeste do Brasil, de modo a apontar como o litoral muda de orientação após esse cabo.

13 Rio localizado ao norte de Cananeia, no atual estado de São Paulo.

14 Ilha de São Sebastião (Ilhabela), estado de São Paulo. A frota em que estava Barlow passou um mês ancorada no porto de São Vicente.

15 No original, *topys*.

16 *Bohiro* (*bohio*) e *hamaca* não são palavras tupis, mas da família linguística aruaque.

17 Peixes-boi.

18 Designação popular do ergotismo, doença causada por um fungo.

19 *Abati*, palavra tupi que designa "milho", vegetal originário da América (*Zea mays*). O milho (*corn*, no original inglês) conhecido na Europa da época é uma gramínea do gênero *Sorghum* que produz espigas com grãos pequeninos.

20 Bebida fermentada de milho.

21 Cesto cilíndrico, o tipiti.

22 Atual Punta del Este, Uruguai.

23 Rio da Prata.

24 Atual Cabo San Antonio, Argentina.

25 Ilha dos *"lobus marinos"*, no original. A Isla de Lobos, próxima a Punta del Este, onde se abasteceram várias frotas inglesas ao longo do século XVI.

26 Aqui, Barlow já se refere ao rio Uruguai, onde a expedição de Caboto estabeleceu um porto num dos afluentes, o San Salvador.

27 Afluente do rio Uruguai.

28 Refere-se ao rio Paraná, de navegação difícil para navios pesados.

29 Provavelmente, o rio Negro.

30 No original, *biguais* e *charnais*.

31 Provavelmente a tintura de jenipapo.

32 Rio Carcaraña, onde a expedição de Caboto construiu um forte rudimentar a que deu o nome de Sancti Spiritus, próximo à atual cidade de Rosário, na Argentina.

33 No original, *cacacaras*. Os carcarás são índios quéchuas dos Charcas, na atual Bolívia. Aqui Barlow passa a enumerar vários grupos indígenas que se distinguiam dos guaranis.

34 Os *carandis* de Barlow são os querandis, também descritos por Luis Ramírez. Segundo Ramírez, os querandis deram informações sobre o "rei branco" e sobre a geografia então desconhecida dos europeus, revelando que a grande serra ao oeste (os Andes) confina com o mar (o Pacífico).

35 No original, *chanais*; os chanés (guanás). Segundo Alfred Métraux, os chanés tiveram durante séculos contato com as culturas andinas.

Os objetos de ouro usados pelos guaranis do rio Paraná, como relatam Barlow e outros integrantes da viagem, estão numa rota que liga os chanés e também os chandules, que mantinham contato com o Império Inca.

36 O fortim de Santa Ana se localiza na atual cidade de Posadas, Misiones, Argentina.

37 Guanacos, que na época se espalhavam por regiões ao longo do rio Paraná. Alguns desses animais foram levados por Barlow para a Espanha, a bordo da caravela *Trinidad*, que partiu do Rio da Prata em julho de 1528, carregando também amostras de ouro e prata.

38 Primeira descrição inglesa do beija-flor, ave desconhecida dos europeus.

39 No original, *comorantes*: "biguás".

40 Curimatã (curimbatá, curimatá). Alonso de Santa Cruz registra: "O mais comum [peixe] que se pesca e de que há mais quantidade é um a que chamam *quirnibataes*, que são como *savalos* na Espanha, e mais sãos e de melhor sabor".

41 Os sobreviventes da expedição de Juan Díaz de Solís pelo Rio da Prata divulgaram a existência do "rei branco", de uma serra de metal precioso, e também de vultosa quantidade de ouro após a grande serra a oeste, informação semelhante à que os índios dos rios Paraná e Uruguai forneceram à tripulação de Caboto.

42 No original, *Pirro*.

PERIPÉCIAS DE UM NÁUFRAGO (P. 171-86)

1 O navio de John Winter se separou da frota e chegou à Inglaterra

em junho de 1579, levando notícias sobre a primeira fase da circum-navegação de Drake e sobre os locais visitados na costa brasileira durante a viagem de retorno.

2 "The voyage of M. John Winter into the South Sea by the streight of Magellan, in consort with M. Francis Drake, begun in the yeere 1577", publicado por Richard Hakluyt na sua coletânea de viagens *Principal Navigations*, em 1600.

3 Francis Drake.

4 Porto San Julián, no litoral sul da Argentina.

5 Em San Julián, num episódio controverso, Francis Drake processou, sob a acusação de motinagem, seu amigo e comandante de uma das naus de sua frota, Thomas Doughty, que foi condenado e morto.

6 No original, *tapines*.

7 No original, "*Tupan basse*". Provavelmente, Carder estava em algum ponto do litoral acima da lagoa dos Patos (Rio Grande do Sul), tendo em vista que abaixo dessa região o litoral era habitado pelos guaranis.

8 No original, "*chiefe Governour*".

9 No original, *Caiou*.

10 Carder quer dizer "homens, mulheres, crianças e idosos".

11 No original, *armadillo*.

12 A ibirapema.

13 A descrição do ritual canibal é bem diferente das feitas por seus contemporâneos, não mencionando o período em que o prisioneiro vive com uma mulher da tribo e participa da vida da comunidade.

Carder, nesse trecho, também não se refere ao festim canibal propriamente dito, descrevendo apenas as etapas anteriores.

14 No original, I.P., foneticamente "ai-pi".

15 O cauim, bebida fermentada.

16 Aqui Carder passa a chamar o *chief* de *King*, ou "rei".

17 No original, *Tapwoes*.

18 No original, *"negros and brasilians"*.

19 Salvador. É notável o salto geográfico de Carder. Saindo de uma tribo indígena no sul do Brasil, aparentemente a pé, sem nenhuma menção à navegação, acompanhado por índios, que não costumavam fazer viagens tão longas, chega à Bahia. O salto pode ser decorrência de uma abreviação da narrativa original feita pelo editor do texto, Samuel Purchas.

20 No original, *"Michael Jonas"*.

21 O governador-geral era Lourenço da Veiga, cujo filho se chamava Diogo Vaz da Veiga. Carder provavelmente se refere a Lourenço da Veiga, que ocupou o cargo até 1581.

22 Para não concorrer com o gengibre do Oriente e, portanto, não provocar baixa no preço dessa então valiosa mercadoria.

23 O cirurgião inglês foi um dos tripulantes que desertaram do navio *Minion of London*, na Bahia, em janeiro de 1582.

24 Thomas Cordell e Robert Sadler, fundadores da Venice Company, mandaram o *Merchant Royal* em viagem comercial a Olinda em 1583.

25 O *Merchant Royal*, ao partir de volta para a Inglaterra, deixou em Olinda parte da mercadoria e três agentes comerciais para terminar os negócios. Com a chegada da armada de Diego Flórez de Valdés,

organizada para combater os piratas no litoral brasileiro, os agentes comerciais foram presos e enviados a Lisboa. Em 1584-85, a Venice Company enviou novamente um navio a Olinda para recolher a mercadoria restante. Provavelmente é a este que se refere Carder.

26 A guerra entre Espanha e Inglaterra durou de 1585 a 1603.

27 No original, *"narrow Seas"*, o canal da Mancha.

28 Ou seja, recomendando ao lorde almirante que oferecesse algum serviço a Carder.

UM CATIVO INGLÊS NO AMAZONAS (P. 187-93)

1 Davies nomeia os animais americanos que avistou com as designações dos animais então conhecidos na Europa.

2 No original, *guunes*.

3 No original, *muskitas*.

4 No original, *euaves*.

POSFÁCIO (P. 195-253)

1 A narrativa do ataque de James Lancaster ao Recife foi traduzida por Alfredo de Carvalho e publicada em 1908 na *Revista do Instituto Arqueológico e Geográfico Pernambucano*, e a da expedição ao Amazonas por William Davies, traduzida por Carlos Alberto de Moura Ribeiro Zeron e Carlos Ziller Camenietzki, foi publicada em 2000 em artigo na *Revista de História* da USP, 2000.

2 *The Principall Navigations, Voiages and Discoveries of the English Nation, Made by Sea or over Land, to the Most Remote and Farthest Distant Quarters of the Earth at Any Time within the Compasse of These 1500 Yeeres.*

3 *Hakluytus Posthumus or Purchas his Pilgrimes in Five Books.*

4 Cf. Hue (2009).

5 *The Admirable Adventures and Strange Fortunes of Master Anthony Knivet, which Went with Master Thomas Candish in his Second Voyage to the South Sea.* 1591, publicado por Samuel Purchas no quarto tomo de sua coletânea de viagens (*Hakluytus Posthumus or Purchas his Pilgrimes*, 1625), foi traduzido pela primeira vez para o português em 1878, com base na versão holandesa, impressa no início do século XVIII, com cortes, e recebeu o título "Narração da viagem, que nos annos de 1591 e seguintes, fez Antonio Knivet da Inglaterra ao mar do Sul, em companhia de Thomas Cavendish", tendo sido divulgado na *Revista Trimensal do Instituto Histórico Geographico e Ethnographico do Brasil* (t. XLI, Parte Primeira), no Rio de Janeiro. A primeira tradução direta do inglês, realizada por Guiomar de Carvalho Franco, só seria lançada em 1947, em São Paulo, pela Editora Brasiliense, com anotações de Francisco de Assis Carvalho Franco.

6 Cf. Krauel (1996).

7 *A Brief Summe of Geographie*, com edição, introdução e notas de Eva G. R. Taylor, publicado pela Hakluyt Society.

8 Como observa Barbara Fuchs, os escritores ingleses da Renascença procuravam frequentemente na Espanha seus modelos literários, mesmo nos momentos de maior rivalidade entre as duas nações. Cf. Barbara Fuchs, *The Poetics of Piracy: Emulating Spain in English Literature* (Filadélfia: University of Pennsylvania Press, 2013), e

B. Fuchs e Brian C. Lockey (ed.), "The Spanish Connection", *Journal for Early Modern Cultural Studies*, v. 10, n. 1 (2010).

9   Cf. Hartog (2014).

10   "*Supimos tambien de lós portugueses que estavam en la factoria que diximos aver asi mismo pezes de forma de cavallos y las piernas cortas y altas para nadar como lobo marino o mananti...*", Santa Cruz (1918), p. 544.

11   "Há muitas bestas selvagens e veados e pássaros selvagens e porcos-monteses, e diversas outras estranhas bestas de boa carne e bom sabor, e muita quantidade de pássaros como papagaios de diversos tipos, grandes perdizes, pavões, patos e garças e outros diversos tipos de estranhos pássaros, e muita quantidade de peixes que eles matam com flechas na água, que para descrever as estranhas castas de peixes que há nesta costa e as estranhas bestas e pássaros que habitam a terra seria um tal trabalho que renderia outro livro." Barlow (1932), p. 154-5.

12   *The Voyage to Brasill, Made by the Worshipfull M. William Hawkins of Plimmouth, Father for Sir John Hawkins Knight Now Living, in the Yeere 1530*, em Hakluyt (1598). *A Briefe Relation of the Two Sundry Voyages Made by the Worshipful M. William Hawkins of Plymmouth, Father to Sir John Hawkins Knight, Late Treasurer of her Maiesties Navie, in the Yeere 1530 and 1532*, em Hakluyt (1600).

13   Andrews (1966), p. 14, p. 160.

14   Andrews, op. cit.

15   Os documentos foram estudados por Reginald G. Marsden no artigo "Voyage of the *Barbara of London* to Brazil in 1540", *English Historical Review*, XXIV, 1909.

16 Cf. *As incríveis aventuras e estranhos infortúnios de Anthony Knivet* (2007).

17 Purchas (1625), p. 1192: *"both unmatchable by any English for de rare adventures, disadventures, and manifold successions of miseries in those Wilde Counries, and with those Wilder Contrimen of Brasilia"*.

18 Voigt (2009), p. 40.

19 Brenner (2003), p. 19.

20 Assinado em 15 de novembro de 1576, o tratado, conhecido como "abstinência", encontra-se publicado em Visconde de Santarém (1865), p. 299.

21 Rayon e Zabalburu (1888b), p. 294-7. As cartas de d. Bernardino de Mendoza estão publicadas na *Coleccion de documentos inéditos para la historia de España*, por Rayon e Zabalburu (1888), t. XCI E XCII.

22 Rayon e Zabalburu (1888b), p. 370-1.

23 Rayon e Zabalburu (1888b), p. 370.

24 Sousa (1987), p. 40.

25 Cf. "Relación del viaje del Brasil que por mandado del Reverendísimo señor Obispo de Tucumán" (1912).

26 "Copia de la carta del gobernador del Tucumán, Juan Ramírez de Velasco, al Conde del Villar, Virrey del Perú, sobre la nueva que se obtuvo de ingleses corsários", 6 de abril de 1587 (1912).

27 "Relación del viaje del Brasil que por mandado del Reverendísimo señor Obispo de Tucumán se ha hecho para traer religiosos de la Compañía de Jesús en la Provincia del Paraguay" (1912).

28 "A discourse of the West Indies and South sea written by Lopez Vaz a Portugal, borne in the citie of Elvas, continued unto the yere 1587. Wherein among divers rare things not hitherto delivered by any

other writer, certaine voyages of our Englishmen are truely reported: which was intercepted with the author thereof at the river of plate, by Captaine Withrington and Captaine Christopher Lister, in the fleete set foorth by the right honorable the Earle of Cumberland for the South Sea in the yeere 1586", Hakluyt (1600). Há ainda outro extrato de Lopes Vaz, publicado por Purchas: "The histoire of Lopez Vaz a Portugall (taken by Captaine Withrington at the River of Plate, Anno 1586 with this discourse about him), touching american places, discoveries and occurents, abridged", Purchas (1625).

29 *"moral blankness"*, Greenblatt (1980), p. 194.

30 Cf. Palmer (2013).

31 *"I will, with engines never exercised,/ Conquer, sack, and utterly consume/ Your cities and you golden palaces"*, Marlowe (2002), p. 111.

32 Todas as citações do manuscrito são traduções da transcrição semidiplomática feita por Philip S. Palmer, e ainda não publicada, com o título "The Sea voyadg of Captain/ Wytheryngton in the Red dragon/ lyster in the bark Clifford/ ccccxviii/ for the Earl of Cumberland" (British Library, MS Lansdowne, vol. 100, ff. 23-51).

33 Vicente do Salvador (1982), p. 252.

34 Vicente do Salvador, op. cit.

35 *The Observations of Sir Richard Hawkins Knight, in his Voyage into the South Sea. Anno Domini 1593* (Londres, impresso por I. D. para John Jaggard, 1622).

36 *La Cosmographie Universelle d'André Thevet cosmographe du Roy: illustrée de diverses figures des choses plus remarquables, veues par l'auteur, & incogneues de noz anciens & modernes*. Primeira edição em 1575 (Paris: Guillaume Chaudière).

37 Hawkins (2006), p. 582.

38 "*The well governed and prosperous voyage of M. James Lancaster, begun with three ships and a galley-frigat from London in October 1594, and intended for Fernambuck, the port-towne of Olinda in Brasil. In which voyage (besides the taking of nine and twenty ships and frigats) he surprized the sayd port-towne, being strongly fortified and manned; and held possession thereof thirty dayes together (notwithstanding many bolde assaults of the enemy both by land and water) and also providently defeated their dangerous and almost inevitable fire-works. Heere he found the cargazon of freight of a rich East Indian carack; which together great abundance of sugars, Brasil-wood, and cotton he brought from thence; lading there with fifteene sailes of tall ships and barks.*"

39 "Lancaster his allarums, honorable assaults and surprising of the block-houses and store-houses belonging to Fernand Bucke in Brasill, with his brave attempt in landing in the mouth os the ordinaunce there, which were cannons culvering, cannon periall, and sacres of brasse; with other sundry his most resolute and brave attempts in that country, from whence he laded of their spoyles and rich commodities he there found fifteen good ships; which was sinemon, sugar, pepper, cloves, mace, calloco-cloth, and brassel-wood, with other commodities". Imprinted at London by A. I. for W. Barley, and are to be solde at his shop in Gratious-Street, neer unto Leadenhall gate."

40 Roberts (1940), p. 71. "*Fighting in right of country and our Queene,/ Like men of worth, most resolute and sterne. [...] Whose fames shall live eternized for ay,/ That all may know how breave they made their endes.*"

41 Gama (1844), p. 145.

42 Galvão (1899), p. 234.

43 Knivet (2007), p. 162.

44 Há várias edições da *Pilgrimage* — 1613, 1614, 1617, 1626 —, que vão sofrendo acréscimos a cada nova publicação.

45 Cf. Hair (1986).

46 Gândavo (2004), p. 103.

47 Sousa (1987), p. 219.

48 Cf. Jane (1988).

49 "*Turner that had liued a long time in Brasil, and had also beene at Angola, told me, that it was supposed eight and twenty thousand slaues were yearely shipped from Angola and Congo, at the Hauen of Loanda. He named to me a rich Portugal in Brasil, which had ten thousand of his owne, working in his Ingenios (of which he had eighteene) and in his other employments. His name was Iohn de Paus, exiled from Portugal, and thus enriched in Brasil. A thousand of his slaues, at one time, entered into conspiracy with nine thousand other slaues in the Countrey, and barricadoed themselues for their best defence against their Masters, who had much adoe to reduce some of them into their former seruitude.*" Purchas (1613), p. 252.

50 A respeito da tentativa de colonização toscana da Amazônia pelo grão-duque de Florença, ver Holanda (2000) e Zeron e Camenietzki (2000), artigos que reúnem e editam documentação sobre a viagem.

51 Cf. Holanda (2000), p. 109, e Zeron e Camenietzki (2000), p. 131. Sobre os florentinos no Brasil e as intenções de Fernando I, ver também Brian Brege, "Renaissance florentines in the tropics: Brasil, the Grand Duchy of Tuscany, and the limits of empire". In: Horodowich, E.; Markey, L., *The New World in Early Modern Italy, 1492-1750*, Cambridge University Press, 2017, p. 206-22.

52 Filicaya (2003), p. 209-13.

53 Filicaya (2003), p. 210.

54 Filho ilegítimo de Robert Dudley, o conde de Leicester, um dos favoritos da rainha Elisabete I.

55 *Dell'arcano del mare*, impressa em Florença em quatro volumes entre 1646 e 1648, e reeditada em 1661, em que publica as "instruções ao capitão Thornton, a relação da viagem feita pelo mesmo capitão, além de diversos mapas da costa e do rio Amazonas" (Zeron e Camenietzki, 2000, p. 135). Sobre o vocabulário tupi aí publicado, ver o artigo de Nelson Papavero e Ruth Maria Fonini Monserrat, "O vocabulário tupinambá do Arcano del mare de Sir Robert Dudley (1661)", *Revista Brasileira de Linguística Antropológica*, que também traduz trechos da narrativa de William Davies.

56 Cf. Holanda (2000) e Zeron e Camenietzki (2000).

57 *A True Relation of the Travailes and Most Miserable Captiuitie of William Dauies, Barber-Surgion of London, vnder the Duke of Florence, wherein is Truly Set Downe the Manner of his Taking, the Long Time of his Slauierie, and Meanes of his Deliuerie, after Eight Yeeres, and Ten Monehts Captiuitie in the Gallies. Discouering Many Landes, Ilandes, Riuers, Cities, and Townes, of the Christians and Infidels, the Condition of the People, and the Manner of their Countrey: with Many More Strange Things, as in the Booke is Briefely and Plainely Expressed. By William Dauies, Barber- -Surgion of London, and Borne in the Citie of Hereford*. Londres: Thomas Snodham para Nicholas Bourne, 1614.

58 "A description and discovery of the river of Amazons, by William Davies barber surgeon of London", Purchas (1625), p. 1287-8.

59 "The river of the Amazons in the West Indies", Davies (1614), fl. 3.

60 Davies (1614), fl. 3.

61 *"the sea is a waving wavering foundation, the windes theatre both for Comedies and Tragedies"*, Purchas (1625), p. 1191, "To the reader".

NOTA SOBRE A TRADUÇÃO

A tradução para o português da presente coletânea enfrentou desafios não só pelo fato de os textos terem sido escritos originalmente no inglês do século xvi, mas também devido à variedade de estilos e de proveniências. Em vista disso e do ineditismo de grande parte dos textos, optamos por privilegiar a legibilidade e a fidelidade ao original, ainda que não seja possível, muitas vezes, a reprodução exata da linguagem por vezes obscura de um ou outro narrador. Some-se a isso o fato de os textos terem sido escritos ou ditados por uma gama de personagens com variados backgrounds linguísticos: diplomatas (Hakluyt), capitães (Hawkins), marinheiros (Carder), comerciantes (Wardall, Sarracoll, Barlow, Whithall, Staper e Turner) e pessoal de bordo (Davies). Assim, foram necessários o acréscimo ocasional de pontuação ou a divisão em parágrafos para efeito de clareza. Finalmente, optamos por utilizar um vocabulário reconhecível ao leitor contemporâneo de português, em lugar de buscar inserir correspondentes lexicais do século xvi, que soariam arcaicos a um leitor de hoje.

TABELA DAS VIAGENS

DATA	VIAGEM	AUTOR	RELATO
1526	Sebastião Caboto	Roger Barlow	A brief summe of geographie
1530	William Hawkins	Richard Hakluyt	Breve notícia de suas viagens
1540	*Barbara of London*	John Wardall	"The voyage of the *Barbara* to Brazil...
1577	Francis Drake	Peter Carder	The relations of Peter
1578	*Minion of London*	John Whithall	A letter written to M. Richard Staper...
1580	*Minion of London*	Christopher Hodsdon et al. Thomas Grigges	A copie of the letters of the Adventures for Brasil Certaine notes of the voyage to Brasil
1586	Robert Withrington e Christopher Lister	John Sarracoll	The voyage set out by the...
1593	Richard Hawkins	Richard Hawkins	The observations of...
1594	James Lancaster	Mosqueteiro anônimo	The well governed voyage...
s. d. (c. 1590)	Thomas Turner	Samuel Purchas	Relations of Master ...
1608	Grão-duque da Toscana	William Davies	A description...

CRÉDITOS DAS ILUSTRAÇÕES

p. 8-9 (detalhe) e p. 253: *Americae sive qvartae orbis partis nova et exactissima descriptio*. Lessing J. Rosenwald Collection/Library of Congress

p. 12: Richard Hakluyt, *The Principall Navigations, Voiages and Discoveries of the English Nation*. Londres: George Bishop e Ralph Newberie, 1589, p. 793. Acervo Fundação Biblioteca Nacional — Brasil

p. 48: Richard Hakluyt, *The Principal Navigations, Voyages, Traffiques and Discoveries of the English Nation. Imprinted at London by George Bishop, Ralph Newberie and Robert Barker*, 1599-1600, p. 708. Canadiana (https://www.canadiana.ca/view/oocihm.94220/739?r=0&s=1)

p. 49 e 50: *Lancaster his Allarums, hono[r]able Assaultes, and supp[r]ising of the Block-houses and Store-houses belonging to Fernand Bucke in Brasill. With his b[r]aue attempt in Landing in the mouth of the Ordinaunce there, which were Cannons Culuering, Cannon periall and Sacres of brasse, with other sund[r]y his most resolute and b[r]aue attempts in that Covntry. From whence he laded of their spoyles and rich commodities he there found fifteene good Ships, which was Sinemon, Sugar, Pepper, Cloues, Mace, Callow-cloth and Brassel-wood with other commodities. With the names of such men of wo[r]th hauing charge within this most hono[r]able attempt lost their liues. Published for their eternall Honor* by a vvelvviller. Imprinted at London by A.I. for vv. Barley and are to be solde [at his shop in Gratious-streat neer vnto Leadenhall gate. 1595] H. R. (Henry Roberts), fl. 1585-1616. Cortesia: John Carter Brown Library

p. 116-17: *L'océan Atlantique. Les Premières Œuvres*. Jacques de Vaulx, Le Havre, 1583. Manuscrit enluminé sur parchemin, 45 × 28 cm. BnF, département des Manuscrits, Français 150, f. 28v-29. © Bibliothèque nationale de France

p. 124: *Reys-boeck van het rijcke Brasilien, Rio de la Plata ende Magallanes, daer in te sien is, de gheleghentheyt van hare landen ende steden*. Dordrecht: J. Canin, 1624. Koninklijke Bibliotheek, Haia

p. 146: Samuel Purchas, *Hakluytus Posthumus or Purchas his pilgrimes in five bookes. The fourth part*. London: William Stansby for Henrie Fetherstone, 1625, p. 1243. Acervo Fundação Biblioteca Nacional — Brasil

p. 152-53: *Mappemonde de Sébastien Cabot*. Sébastien Cabot, Anvers, 1544. Gravure aquarellée. BnF, département des Cartes et Plans, CPL GE AA-582 (res). © Bibliothèque nationale de France

p. 172: *By the discouerie of Sr Francis Drake made in the yeare 1577*. Published by George Bishop, Ralph Newberie and Robert Barker. Londres, 1598, 32 × 20 cm. The John Carter Brown Library at Brown University

p. 188: William Davies, *A true relation of the travailes and most miserable captivitie of William Davies, Barber-Surgion of London, under the Duke of Florence. Wherein is truly set downe the manner of his taking, the long time of his slaverie, and meanes of his deliverie, after eight yeeres, and ten moneths captivitie in the gallies by Davies, William, Barber-Surgeon, active 1597*. Londres: For N. Bourne, 1614. Internet Archive

Este livro foi composto em Freight text em julho de 2020.